JN438729

수필의 길을 가다

현대수필가100인선Ⅱ·42

수필의 길을 가다

박종철 수필선

수필과비평사 · 좋은수필사

■ 책머리에

수필은 누구나 부담 없이 읽고, 마음만 먹으면 직접 쓸 수도 있는 가장 친근한 문학이다. 다른 영역의 문학이 영상매체에 밀려 신음하고 있는 중에도 수필 인구만은 날로 증가하여 바야흐로 수필 전성시대를 구가하고 있는 이유도 거기에 있을 것이다.

시대적 추세에 힘입어 수많은 수필전문지, 수필동인지가 창간되고, 이에 비례하여 신진 수필가도 날로 늘어나다 보니 이제는 그 많은 작가, 그 많은 작품 중에서 문학성 높은 작품을 가려 읽는 일이 쉽지 않게 되었다. 이런 현상은 작가에게나 독자에게나 결코 바람직한 일이 아니다. 더 나아가서는 수필을 연구하는 후세들에게도 큰 부담이 될 것이다.

이런 문제를 해결하는 데는 출판인도 마땅히 한몫을 감당해야 한다는 평소의 소신에 따라, 본사가 기꺼이 그 역할을 맡기로 했다. 그 첫 번째 사업으로 시대를 대표할 만한 수필가 100인을 선정하고, 작가가 자선한 40편 내외의 작품을 수록한 문고본을 발간하여 이를 널리 보급함으로써 그 소임을 다하고자 한다.

본사는 사명감을 가지고 이 사업을 추진해 나가기로 했다. 작가 선정을 전담할 편집위원회를 구성하고 전권을 위임하여 일체의 사적인 정실이나 청탁을 배제함으로써 전문성과 공정성을 확보해 나갈 것이다.

따라서 이 기획물 속에는 작가의 문학정신뿐만 아니라, 본사의 문학사적 기여 의지와 편집위원 제위의 수필문학에 대한 애정과 문인으로서의 양심이 함께 담겨 있음을 자부한다. 다만, 작가를 선정하는 기준에는 많은 견해의 차이가 있을 수 있고, 선정 과정에서도 미처 챙기지 못한 부분이 있을 것이라는 사실만은 인정하지 않을 수 없다. 이 점에 대해서는 관계자 여러분의 양해 있으시기 바란다.

이 시리즈의 발간 순서는 작가, 또는 본사의 사정에 의한 것일 뿐 그 밖의 어떤 기준도 적용하지 않았음을 밝힌다.

본 기획물이 시대를 초월한 많은 수필 애호가들의 관심과 애정 속에 우리나라 수필문학 발전에 한 이정표가 되기를 바랄 뿐이다.

본사에서는 이상과 같은 취지로 『현대수필가 100인선』 전 100권을 완간하여 큰 반향을 불러일으킨 바 있다.

그러나 우리 수필문단의 규모나 수필문학의 수준에 비추어 선정 작가를 100인으로 한정하는 것은 형평성이나 효율성 면에서 크게 부족하다는 의견이 많았고, 본사 또한 이를 통감하던 터라 기꺼이 『현대수필가 100인선 Ⅱ』를 발간하기로 했다.

본사의 충정에 찬동하여 출판에 응해주신 저자 여러분께 진심으로 감사한다.

2014년 9월

수필과비평 · 좋은수필 발행인 서정환

현대수필가 100인선 간행 편집위원 박재식 최병호

정진권 강호형

오세윤

1_홀로 가는 길

2_마음의 메아리

3_맨발의 언어

4_삶의 연가

1부

홀 지팡이

현관 구석에 지팡이 하나가 머쓱하니 서 있다. 어찌 보면 노인의 말년처럼 쓸쓸해 보이기도 하고 건강한 노인네처럼 꼬장꼬장해 보이기도 한다.

지팡이는 산신령의 신기가 어린 신묘한 지팡이도 아니요 중생을 두루 구하는 덕도 높은 노승의 지팡이도 아니다. 더구나 거드름을 피우며 외양을 뽐내는 부자의 지팡이는 더욱 아니다. 꼬부랑 할머니가 겨우 몸을 의지할 수 있을 정도의 가냘픈 몸매의 지팡이다.

지팡이는 가엾게도 외톨이다. 키는 내 허리에 닿을 정도이고 등은 노인네처럼 휘어지고 머리는 뭉툭하고 목 부분은 구부러져 손으로 잡기에는 안성맞춤이다. 작은 키에 비하여 여덟 군데나 옹이가 져서 아예 반드러운 자태를 갖추지 못한 추물이다.

지팡이는 몇 년 전 노인봉을 오를 때 지쳐 있는 나를 생각해서 친구가 냉큼 잘라서 몸을 의지하라고 마련해 준 것이다. 그날은 물을 잔뜩 머금은지라 다소 무겁기는 하였지만 그 덕에 산행을 무사히 마칠 수 있었다.

그 후로 산행 때마다 녀석을 앞세우는 것도 늙은이 행세를 하는 것 같아 내키지 않았다. 그러다 보니 현관 구석에 버려두고 외면할 때가 많았다.

가끔 지팡이를 바라보면서 느끼는 것이지만 제멋대로 생긴 걸 보아 부잣집 거실의 장식용으로 쓰일 만한 분복도 없으려니와 도끼나 호밋자루로 쓰일 만큼 실한 재목감도 아니다. 뱀처럼 구불구불하고 험상궂은 걸 보면 내 인생만큼이나 험난하게 산 것 같아 연민의 정이 가기도 한다.

지팡이의 겉모양은 보잘것없어 보이지만 한 사람을 섬길 줄 아는 순종과 충신의 의기를 지녔다고나 할까. 그에 비하여 외양이 멀쩡한 나는 마음속에다 탐욕과 시샘을 돌처럼 품고 남의 가슴에 불을 지르거나 못질을 하지 않았는지 되돌아보게 한다.

금년에는 비가 많이 내려서 산길이 미끄럽고 위험해서 산행 때마다 지팡이와 동행하게 되었다. 높은 곳을 오르거나 험난한 길에서는 어차피 녀석의 도움을 많이 받게 된다. 위험이 도사리고 있는 곳을 지날 때에는 손아귀에 힘이 잔뜩 들어가 모가지를 비틀어 쥐고 온몸을 맡길 때에도 금방 꺾여질 듯 휘청거리면서도 신음 한마디 뱉지 못하고 버티어 내는 것이다.

세상은 팔자소관대로 산다는 말이 있다. 본인의 의사와는 전혀 상관없이 나의 포로가 되어 산행에만 끌려 다니게 되었으니 기박한 팔자를 타고 난 셈이다.

수려한 풍치를 골라서 다니는 것도 아니요 화려한 시가지를 여유 있게 유람하는 것도 아니다. 가까운 야산이나 평탄한 들판으로 몰고 가는 것도 아니요, 오직 험난한 산이나 돌밭을 갈 때에만 앞장을 세우는 것이니 놈의 입장에서 보면 억울하고 분통이 터질 만도 하다. 하지만 뒤집어 생각해 보면 녀석에게는 행운이라는 생각이 들 때도 있다.

만일 임자를 잘 못 만났더라면 벌써 불쏘시개로 화형을 당하였거나 아니면 이 사람 저 사람 손에 끌려 다니며 고생만 실컷 하다가 아무 곳에나 버려져 눈비를 맞는 천덕꾸러기 신세가 되었을지도 모를 일이다. 하나 나와 더불어 한 세상을 두루 산책하며 삶의 의미를 되새겨 보는 것도 보람된 일이 아니겠는가.

하기야 애초부터 사람의 손이 닿지 않았던들 깊은 산속에서 아름다운 꽃과 새들에 어우러져 한껏 삶을 노래하며 행복했을 터인데, 숲의 평화를 빼앗고 녀석의 생명마저 서슴없이 잘라버린 사람의 비정을 어디에다 비할 수 있으랴만.

어제의 일이다. 다섯 시간 가까이 숲의 향기에 취하여 산을 오르내리다가 잠시 쉬는 시간에 누워 있는 녀석의 몰골을 살펴보았다. 목 부분은 피부가 벗겨지고 반질반질하게 닳아서 윤기가 흐르고 여기저기 찢겨져 화상을 입은 듯 속살이 드러났다. 발은 돌에 부딪치고 땅을 헤집은 탓으로 해어진 짚신 바닥처럼 마모되어 녀석의 노고를 짐작하고도 남음이 있었다.

상처투성이인 지팡이는 일어설 기력도 없는 것 같고 약간 힘만 주어도 뿌지직하고 금방 부러질 것 같이 허약해 보였다. 그러나 명색이 숲의 명문가인 물푸레나무의 후예라 강하고 질기다. 사람으로 말하면 풀뿌리 민중의 근성이라고나 할까.

언뜻 보면 한물간 내 주제처럼 허실해 보이지만 위험이 닥칠 때에는 쉬 꺾이지 않고 버티어 내는 귀한 성깔을 지니고 있다.

산행을 하고 난 다음에는 현관 구석에 홀로 세워두지만 한결같이 꼿꼿한 자세로 서 있는 걸 보면 영락없는 시골선비의 지순한 모습이다.

시간이 흐르다 보니 푸르고 싱싱하던 녀석도 바짝 마른 늙은이처럼 군살 한 점 없이 가벼워졌다. 이제는 산길을 가다가 돌에라도 부딪치게 되면 댕그랑 하고 맑은 소리를 낸다. 몸에 지녔던 물기마저도 털어 버리고 세상의 영욕을 다 거두어 버린 조신한 선비의 목소리처럼 청아하다.

그리하여 지팡이는 나에게 대나무처럼 속을 비우라고 한다. 계곡의 청류에 찌든 마음을 헹구고 삼베옷 걸치듯 헐겁게 살라고 한다.

그러나 범부로서는 쉬이 접할 수 없는 구도의 길이기에 세속의 마음은 항상 제자리를 맴돌 뿐이다.

지팡이여!, 그대는 살아있는 나보다 더 현자이려니.

추억의 언덕

따사로운 햇살이 넘치는 4월.

D대학으로 오르는 언덕에는 벚꽃이 눈송이처럼 날리고 있었다.

석조건물인 명진관의 강의실은 학생들로 만원이었다. 피천득 교수님의 영시강의는 인기가 있었기 때문이다.

내가 강의실 뒤편에 서서 열심히 귀를 기울이고 있을 때 내 곁에 한 학생이 서 있었다. 그는 흰 얼굴에 기품이 있어 나의 시선을 끌기에 충분했다. 강의시간이 끝나고 밖으로 나오자 나는 인사를 자청했고 그는 나의 수인사를 반갑게 받아주며 Y라고 자기의 이름을 밝혔다.

하루는 Y를 만나 언덕을 오르고 있었다. 중간쯤에서 그는 숨을 몰아쉬며 괴로워했다. 언덕길을 오르는 것이 심장에 부담이 되는 모양이었다. 그에게 병명을 물어보진 않았지만 가쁜 숨소리가 예사롭지 않게 느껴졌다.

강의가 있는 날은 정문에서 Y를 기다렸다가 함께 천천히 언덕을 오르곤 했다. 그와 난 곧 친숙해졌다. 친구는 어느 날 카메라를 들고 와서 본관을 배경으로 사진을 찍어주기도 하고 함께 사진을 찍기도 하였다. 사진을 찍은 후에는 날짜와 장소, 거리와 노출상태를 일일이 기록했다. 이렇듯 그는 매사에 빈틈이 없었고 수강하는 태도 역시 진지했다.

당시 어려운 생활을 하던 나에게는 학교는 배움의 터전이요 피안彼岸의 세계이기도 했다. 남산 자락의 교정에 서면 서울 시가지가 발아래로 들어오는 것만으로도 가슴이 벅찼다. 때로는 본관 옥상으로 올라가 시내를 굽어보며 근심을 달래기도 하였다. 책을 끼고 언덕을 오르면 늘 기쁨으로 충만했고 두 손을 높이 흔들고 함성을 지르면 젊음이 치달아 곧 내일이 열릴 것만 같은 시절이었다.

어느 날 Y군이 그려준 약도를 들고 갈월동을 찾아 나섰다. 높은 양옥집과 개짖는 소리가 생소하게만 느껴졌다. 번지를 확인하면서 걷다가 어느 집 대문 앞에 멈추어 섰다. 대문 앞에 걸려 있어야 할 문패는 보이지 않고 희고 작은 명함 한 장만이 붙어있었다. 명함을 들여다보니 '柳致眞'이라는 이름 석 자가 적혀 있었다. 유치진 선생님이라면 유명한 극작가가 아니신가. 가슴이 설레기 시작했다. 그렇다면 친구는 그분의 자제임이 틀림없지 않은가. 나는 조심스럽게 초인종을 눌렀다.

Y군이 반가운 표정으로 대문을 열었다. 안으로 들어간 나에게 유치진 선생님과 소설가인 어머니와 형, 누나를 소개해 주었고 모두들 따뜻하게 나를 맞이하여 주었다.

그 후로 가끔 갈월동을 찾게 되었다. 당시 유치진 선생님께서는 '드라마 센터' 건립을 위해 동분서주하고 있을 무렵이었다.

어느 날 Y군의 어머니께서 장래에 대한 희망을 물으시기에 소설가가 되겠다고 대답했더니 "세형이 아버지를 보아라, 연극을 하신다고 일생을 바치고 계시지만 늘 어려움이 많은데, 왜 하필이면 문학을 한다고 그러느냐." 하시며 나의 장래를 걱정해 주기도 하였다.

Y군은 나에게 여러 권의 책을 선물했다. 처음에 준 것은 유치진 선생님의 역사극집이었다. 그 안에는 〈마의태자〉의 극본이 수록되어 있었다.

지금도 친구의 친필 사인이 그려진 빛바랜 극본집을 보물처럼 간직하고 있다.

Y군은 영어도 잘했고 예술적 자질도 뛰어나 틈틈이 미8군 무대에서 밴조를 연주하기도 하였다. 그는 타고난 예술가였다.

다정다감했던 그는 나의 어려운 생활을 도와주기 위하여 가정교사 자리도 마련해 주었고 틈이 나면 나에게 노래도 가르쳐 주었다.

지금도 친구가 그리울 때면 예전의 노래를 흥얼거리거나 때로는 슬픈 곡조로 열창하기도 한다.

드라마센터가 준공되었을 때 친구는 '포기와 베스'의 초대권 한 장을 쥐어 주었다. 흑인 영가로 구성된 뮤지컬은 퍽 감동적이어서 그때의 장면들이 아직도 눈에 선하다.

지금도 그 자리에서 '서울예전'이 동랑 선생님의 유업을 이어받아 예술인들을 배출하고 있어 감회가 새롭다.

그런데 내가 군에 입대하면서 친구와의 소식이 끊어지게 되었다. 그와의 소식이 단절되기는 했지만 그의 예술적 자질을 늘 자랑하였고 분명히 예술가로 일가를 이루리라고 확신하고 있었다.

시간이 흐른 어느 날, 친구가 요절했다는 소식을 듣게 되었고 그와의 이별은 나에게 슬픔으로 남게 되었다.

지난해에 문학에 대한 여한이 남아 모교에 등록을 했다. 그런 연후에 서울병원이 있는 옛 정문에서 다시 언덕을 올라 보았다.

화사하던 벚나무도 베어지고 한적한 정취도 사라졌다. 추억이 어린 그 길에서 요절한 미완의 예술가와 만나 잃어버린 시간들을 되돌아보았다. 그 후로 나는 그의 영혼에 끌리듯 가끔 그 길을 다시 오르곤 한다.

요즈음, 우리들의 이상理想이 꽃피던 언덕길을 홀로 오르노라면 지나간 날들이 그리움으로 다가서고 외로움도 갈바람처럼 찾아든다.

때로는 선조들의 얼이 깃든 남산골을 밟으며 해거름의 향훈을 맛보기도 하고 위안을 얻기도 한다.

나는 젊은 후배들의 싱그러운 숲에 어우러져 불상佛像이 서 있는 언덕을 오르고 또 오를 것이다.

아내의 웃음꽃

우리 집에는 정원이 없다. 대신 베란다에 조그만 화원을 차려놓았다.

아내가 정성껏 가꾸어 놓은 꽃밭에는 사시사철 꽃이 핀다. 꽃을 피우기 위해 정성을 다하는 아내는 나보다 꽃밭에 더 정신이 팔려 있다.

내가 별 소득도 없이 문학을 한답시고 집을 자주 비우는 사이 무료함을 달래기 위해 꽃과 친숙해진 것 같다.

아내는 나를 농조로 '글쟁이'라고 부른다. 원고료도 제대로 받지 못하면서 문학행사에는 뻔질나게 찾아나서는 나를 곱게 볼 리는 없겠다. 또한 나의 작품평까지도 인색한 마당에.

사람이 마음에 들지 않으면 하는 짓마다 미운털이 박힌다는 말이 있듯이 글쟁이란 호칭도 그런 범주에 들지 않나 하고 생각할 때가 있다.

글쟁이란 말이 목에 걸려 아내를 꽃쟁이라고 부른다. '꽃쟁이'란 말이 생소하긴 하지만 달리 마땅한 별호가 떠오르지 않아 붙여 본 것이다. 아무튼 아내는 나보다 꽃을 더 좋아한다.

꽃을 좋아해서인지 아내는 꽃처럼 웃음을 달고 산다. 사람들과 이야기를 나눌 때도 얼굴에서는 웃음이 떠나지 않는다. 나와 이야기할 때도 웃음꽃을 피운다. 때로는 생활이 나를 우울하게 하거나 얼음 같은 냉기가 집안을 무겁게 눌러도 아내의 웃음이 봄눈 녹이듯 해빙시켜준다.

아내는 웃음꽃이다. 베란다에서 사계절 피고 지는 꽃들은 아내의 웃음을 닮아 웃고 있는 것이다. 아니면 아내가 꽃을 닮아 웃고 있는 것일까.

나는 목석처럼 잘 웃지 않는다. 텔레비전에서 코미디언들이 웃음바다를 만들어도 웃을 줄 모른다. 억지웃음을 만들어내는 그들로부터는 웃음이 피지 않는다. 이주일, 배삼용, 김형곤 같은 배우들은 쳐다만 보아도 절로 웃음이 터진다. 그들은 생태적 코미디언들이기 때문이다.

아내는 다른 사람들과 얘기를 주고받을 때에도 미리 웃음보따리를 챙겨놓은 것처럼 자연스레 웃음이 흘러나온다. 신기하다. 나는 일부러 웃어보려고 작심하고 웃어보지만 끝내는 바보처럼 얼굴이 일그러진다. 평소의 내 얼굴은 돌부처처럼 무뚝뚝하다. 그에 비해 아내의 웃음은 분홍빛 제라늄처럼 몽글

몽글하다. 마음이 밝고 착해서일까. 때로는 은근히 심통이 나기도하고 부럽기도 하다.

작은 꽃밭에는 온갖 꽃이 피었다. 겨울, 여름 내내 웃음을 잃지 않는 제라늄, 정열의 강릉란, 후각을 마비시키는 긴기니아란, 품위 있는 군자란, 남국의 열정을 뽐내는 호접란, 제주의 청초한 아가씨인 풍란, 기린처럼 긴 목에 흰 꽃을 달고 있는 돌단풍이 다투어 피어난다. 시샘하듯 웃음을 흩날리는 꽃을 바라보노라면 두꺼비처럼 굳게 다문 나의 입도 벌어진다.

꽃 보라가 아무리 눈부시고 황홀하다 해도 꽃의 향기는 시각과 후각을 매혹시키는 바람꽃 같은 것이다. 그러나 사람의 맑은 향기는 굳게 닫혀 있는 마음의 빗장을 풀게 한다.

왜가리

동트는 아침 햇살을 맞으며 갯바위에 함초롬히 서 있는 왜가리 한 마리.

그의 하루는 여명을 마중하면서 시작된다. 낮에는 뜨거운 햇살을 고스란히 감내하면서 곁눈을 팔지 않는 성실한 사냥꾼이 된다.

개울, 호수, 바닷가, 습지 등을 즐겨 찾는다. 종일 한증막 같은 논에 발을 담그고 동상처럼 움직이지 않는다.

해가 기울고 어둠이 안개처럼 개울을 덮을 때, 무거운 몸을 일으켜 힘겹게 하늘로 오른다. 그의 고달픈 하루가 끝나는 시간이다.

왜가리는 조신한 노신사다.

항상 흰 와이셔츠에 회색 정장을 즐겨 입는다. 긴 목, 긴

다리, 긴 날개, 긴 부리, 우아한 댕기 등 팔등신의 조건을 두루 갖춘 하늘의 신사다.

그는 고독한 사색가이다.

한적한 개울 가운데에 서서 하염없이 한곳을 응시하며 수행자처럼 사색에 빠져있다. 아름다운 자연에 동화되어 철학적 사유에 잠겨있는 사상가이다.

그는 노래를 상실한 새다.

명상에 침잠하여 말과 노래를 잃어버렸다. 감정을 안으로만 삭이고 밖으로 드러내지 않는 입이 무거운 새다. 이따금 끼익, 끼익 하고 괴성을 지르는 것이 고작이라 타고난 음치다.

고독한 왜가리를 좋아한다.

무욕의 수신자처럼 여유로운 날갯짓, 선비의 기품을 닮은 새다.

그의 침묵, 끈기, 탐색, 기다림을 본받고 싶다. 그는 무한한 자유를 누리며 넓은 사유의 세계를 거니는 외로운 철학자이다.

그가 지니고 있는 얼음 같은 냉철함과 깃털같이 부드러운 화평, 세속을 초월한 선사 같은 의연함.

문학도 고독으로부터 출발하기에 그를 흠모한다. 그의 성품을 닮아 높은 경지에 이르는 좋은 글을 쓰고 싶다.

돌 이야기

돌과 이야기를 나누기 위해 집을 나선다.

강릉의 문화 유적지인 오죽헌 돌담을 끼고 거닐다 보면 돌 이야기 카페와 만나게 된다.

마당에는 산을 빼어 닮은 큰 산수석들이 심산계곡의 아름다운 자태와 정기를 뿜어내고 있다. 이들을 잠시 감상한 뒤에 호기심을 가지고 수석 전시장으로 들어서면 돌 세상이다. 수많은 돌들이 저마다의 모양과 색상을 자랑하고 있다. 커다란 거북이가 엉금엉금 기어가고 덩치 큰 곰들이 어슬렁어슬렁 걷기도 한다. 독수리가 새라도 채어갈 듯이 비상하고 있다.

수많은 사람들의 얼굴 모양과 개성이 서로 다르듯이 돌들도 저마다의 모형과 특성을 지니고 있다. 산을 닮은 산수석, 사람이나 동물을 닮은 형상석, 꽃과 나비 등 각종 무늬를 소생시킨

문양석, 여인의 허리처럼 부드럽고 윤기 나는 미석, 조각예술품같이 추상미와 상상을 일으키게 하는 괴석을 감상하다 보면 나도 모르게 심미경에 빠지게 된다.

원시적 생명인 돌을 통하여 태고의 신비와 우주를 바라볼 수 있다. 무뭉스러운 돌 세계에 빠져들면 자신의 모서리가 깨어지고 다듬어져 모나지 않는 하나의 돌이 된다. 돌도 사람처럼 태어나고 자란 풍토에 따라 생김새와 석질이 다르다.

돌카페 주인은 오랫동안 수석을 수집하고 탐석도 하며 좌대까지 깎고 있는 돌쟁이다. 좋은 돌로 수석전시회에 출품도 하고 전국을 돌며 수집하여 팔기도 한다.

전시장을 빠져 나와 2층 계단을 오른다. 벽면에는 바다 돌을 전시해놓은 진열장들이 카페 입구까지 줄줄이 서 있다. 전국 해안 곳곳에서 채집하고 수집한 작은 돌들은 손안에 들어올 만치 소품들이다. 태어난 곳의 고운 무늬로 몸을 감고 있어 비단을 두른 듯 황홀하다. 손이 닿으면 비명을 지르며 날아갈 것 같기도 하고 데굴데굴 구를 것 같기도 하다.

2층 문을 열고 들어서면 카페다. 문을 열자 갑자기 훈훈한 습기와 꽃 향이 달려든다. 실내에는 갖가지 화초와 돌들이 어우러져 낙원을 연상 하리 만치 환상적인 분위기다.

꽃과 돌과의 어우러짐, 지구가 부드러운 물과 단단한 땅의 동거라면 돌과 꽃은 자연스러운 배필이 될 것이다.

시정詩情이 감도는 카페에 앉아 있노라면 행복해진다. 부드러운 곡선과 응축된 절제미, 서릿발 같은 기상이면서도 자연의 정취를 자아내는 수석의 세계는 고혹적이다.

윤선도의 〈오우가〉 구절이 떠오른다.

"내 벗이 몇이나 하니 수석과 송죽이라,

동산에 달 오르니 그 더욱 반갑구나.

두어라 이 다섯밖에 또 더하여 무엇하리"

〈오우가〉가 절로 떠오를 만치 카페의 분위기는 들어서는 사람마다 감탄을 자아내게 한다.

돌은 침묵의 왕이자 자연이 빚은 최상의 공간예술품이다. 돌처럼 의젓하고 당당했으면 좋겠다. 천둥번개가 쳐도 흔들리지 않는 기품을 닮고 싶다. 돌은 좀체로 속내를 드러내지 않지만 무언의 사유로 속살을 만질 수 있어 서로 교감할 수 있는 것이다. 돌과 얘기를 주고받다 보면 세월의 주름이 깊은 탓인지 남은 탐욕과 시새움을 버리게 되어 행복한 일상으로 돌아가게 된다.

카페에는 꽃보다 돌과 잘 어울리는 아가씨가 있다. 가끔 찾아가는 나에게 희미한 미소 한 줄기 흘릴 뿐 도시 말이 없는 아가씨는 말수가 적은 돌쟁이 딸임에 틀림이 없다. 가족이라곤 아버지와 딸뿐인데 아버지는 수석전시장에 박혀있고 딸은 카페를 지키고 있다.

화사한 정원 속에서도 돌처럼 굳어진 입술은 좀체로 열리지 않고 닫혀진 문처럼 완강함마저 느끼게 한다. 아가씨는 꽃밭

속에서도 외로워 보였고 어느덧 돌의 침묵 속에 익숙해져 가고 있는 것 같았다.

첫눈이 내리던 날 카페의 문을 밀고 들어섰더니 낯선 여인이 호들갑스럽게 맞이한다. 아가씨가 보이지 않는다고 하였더니 아가씨는 서울로 떠나고 대신 자기가 카페를 운영한단다. 마른 몸매에 화사한 웃음을 장식품으로 지닌 듯 여인은 웃음이 헤펐다. 아가씨가 돌을 닮았다면 여인은 간드러진 꽃을 닮았다고나 할까. 여인이 움직일 때마다 웃음이 하르르 흩어진다.

주인의 자리가 바뀌니까 실내의 분위기도 사뭇 달라졌다. 돌 아가씨가 떠난 자리를 꽃의 여인이 다 채우지 못하는 것 같다. 카페는 화사한 꽃보다 돌의 무게와 침묵이 더 지배하고 있다고나 할까. 말없이 담담하였던 아가씨의 표정이 카페의 분위기와 잘 어울렸다는 생각이 들었다.

시골에 정착한 지 몇 년의 세월이 흘렀다. 자연의 초연한 멋과 무채색의 언어에 길들여지고 있다.

문우들과의 만남도 뜸해지고 살가운 친구들과의 교분도 멀어졌다. 산과 바다와 호수와의 빈번한 만남에서 감성은 은빛 날개를 달았지만 점점 말수가 줄어들고 있다. 돌의 영혼과 교접하면서 행복을 느끼는 것도 사람들과의 대화를 잃어버렸기 때문일 것이다.

오늘도 돌과 마주 앉아 무언의 세계에 길들여지고 있다. 돌이 무한한 생명력이라면 꽃은 시한의 화려함이다. 돌처럼 강한 것과 꽃처럼 약한 것, 돌처럼 견고하고 저항적인 것과 꽃처럼 부드럽고 꺾이는 것 또한 자연의 조화요 세상의 이치다. 돌을 통하여 자연의 신비와 세상을 바라본다.

얼음 같은 침묵에 젖어 있는 동안 봄은 예사롭지 않게 성큼 찾아와 닫힌 문을 흔들고 있다.

이러한 날, 돌 아가씨가 꽃비를 맞으며 홀연히 카페 문을 밀고 들어설지도 모른다는 생각이 떠올랐다.

설령 아가씨가 내내 돌아오지 않는다고 하더라도 그가 남기고 간 침묵의 시간은 오랫동안 돌 이야기 카페에 머물러 있을 것이다.

구두 종합병원

가끔 서울나들이를 할 때 들르는 곳이 있다.

강릉버스터미널 입구의 계단을 오르면 왼쪽 편으로 납죽하게 엎드린 가건물이 보인다. 바로 구두종합병원이라는 것을 금세 알 수 있다.

유리창에는 구두수선, 염색, 굽갈이, 미끄럼방지, 구두 닦음 등의 굵직한 글자가 선명하게 새겨져 있다.

봄부터는 문이 활짝 열리고 의자에 나란히 앉아있는 부부가 마주 보인다. 곰 같은 부부가 붙어 앉아 구두를 닦거나 수선하고 있는 것이다.

서울로 갈 때에는 일찍 집을 나서서 구두병원에 들러서 구두를 닦는다. 구두를 닦는 것은 구두의 수명을 연장하기 위한 방법도 되겠지만 닦은 구두에서 거울처럼 빛이 나면 마음이 한결 가벼워지기 때문이다.

시골에서야 신발에 광택이 나지 않아도 흠잡을 사람이 없겠지만 서울로 나들이를 할 때에는 신경이 쓰이는 편이다. 왜냐하면 구두의 상태를 보고 그 사람의 행색을 짐작할 수 있기 때문이다. 그래서 도시 사람들은 외출을 할 때 옷도 말끔하여야 하지만 구두를 잘 닦아서 체면을 유지한다. 그래야만 궁색한 처지를 가릴 수 있기 때문이다.

그러나 예외도 가끔 있다. 우리나라의 경제기초를 다진 재벌 1세 중에는 구두 한 켤레로 수십 년을 버틴 사람도 있었다. 그러한 검소한 정신이 빈약한 경제를 일으켜 세운 원동력이 되었던 것이다. 구두를 신주처럼 신발장에 모셔놓고 평소에는 운동화로 현장을 누빈다. 관공서 출입이나 큰 행사에 참석할 때에만 구두를 신었고 밑창이 닳으면 갈고 또 갈아 신었으니 수명이 길 수밖에 없었다.

이제는 시골생활에 젖어서인지 구두를 닦을 일도 또 닦을 만한 장소도 마땅치 않아서 구두코가 벗겨져도 그럭저럭 신고 다닌다. 서울에서 구두를 닦지 않고 강릉의 구두종합병원에서 닦는 이유가 있다. 우선 가격이 서울보다 싸다. 또 나들이 직전에 닦아서 기분이 좋고 부부가 합심하여 닦는 모습이 훈훈해서다.

병원에 들르면 구두를 벗어서 남편에게 넘겨준다. 부인을 쉬게 하기 위함이지만 잠시 후 뒤따라온 손님의 구두는 어차피

부인에게 돌아가게 된다.

중년의 부부는 건강해 보인다. "매일 부부가 함께 일하니 행복 하시지요." 하고 물었더니 빙그레 웃을 뿐이다. 부부가 구두닦이를 시작한 지가 30여 년이란 세월이 흘렀다고 한다. 그동안 남매를 키우고 교육을 시켜놓았더니 지금은 모두 직장에 나간다고 한다. 수십 년 동안 지겹도록 구두를 수선하고 닦은 덕에 제법 많은 돈을 만졌으나 친구의 사업에 투자했다가 부도가 나는 바람에 몽땅 털렸다고 한다. 서울에서 생활하다가 견디지 못하고 몇 년 전에 강릉으로 옮겨 앉았다고 한다.

구두를 솔로 털고 약을 바르고 헝겊에다 약을 찍어 구두코부터 시작하여 곳곳을 문지른다. 힘이 들지 않느냐고 물었더니 '마음을 닦는 심정으로 닦기 때문에 힘든 줄 모르겠다.'고 한다. 어느 경지에 다다른 말 같다.

천으로 문지르고 물로 닦아서 광택을 내고 하여 깨끗한 얼굴로 둔갑한 구두가 발아래 놓여졌을 때 내 마음도 한결 밝아지는 것 같다.

나도 구두닦이를 경험한 시절이 있었다. 중학생이었던 때에 대구비행장 미군부대에서 하우스보이로 일한 적이 있었다. 막사의 청소와 침대 정리, 책상 정리, 구두닦이 등이 일과였다. 환경 정리는 대충할 수 있었지만 구두닦이는 자신이 없었다. 미군병사에게는 외출용 단화와 여러 켤레의 군화가 있었다. 구두 닦는 일은 품도 많이 들지만 제일 큰 낭패는 아무리 힘을 주어 닦아도 윤이 나지 않는다는 점이다. 땀을 흘리며 아무리 애써 닦아도 광택은 나지 않고 힘만 들었다.

처음에는 병사들이 이해하는 것 같더니 시간이 흘러도 매한가지니까 고개를 갸웃거리기 시작한다. 어떤 병사는 대놓고 구두를 잘 닦아달라고 부탁을 한다. 주말검열에 구두가 불량으로 지적받게 되면 곤란하다고 하면서. 더 노력하고 땀을 흘려도 구두의 광택은 제자리걸음을 하는 것 같았다. 선배들이 가르쳐준 대로 문지르고 또 문질러도 구두가 나를 어리다고 얕보는지 선배들처럼 번쩍거리는 광을 낼 수 없었다.

부부는 잠깐 사이에 남루한 구두를 새 구두로 둔갑시켜 놓았다. 쉽게 닦아낸 부부를 쳐다보면서 구두닦이의 달인이라는 생각이 들었다. 아직도 하우스보이의 구두닦이가 떠올라서인지 구두병원의 부부가 예사로 보이지 않는다. 오랜 세월 동안 부부가 한 점포 안에서 같은 노동을 나누어 하면서 잉꼬부부처럼 생활하고 있으니 믿음직스럽기도 하고 행복해 보이기도 한다.

서울나들이를 할 때 곰 같은 까만 부부가 나란히 앉아서 일하는 모습은 남매처럼 다정해 보이기도 하고, 때로는 병원의 문이 닫혀 있으면 혹시 어려운 일이 생겨서 문을 열지 않았나 하고 궁금해지기도 한다.

글을 쓰는 것도 마음을 닦는 작업이다. 오랜 세월을 글쓰기에 바쳤지만 소년시절의 구두닦이처럼 내 글에는 빛이 깃들이

지 않는다. 쓰고 지우기를 반복하면서 애써 창작한 글 한 편이 다른 사람의 마음을 밝게 해 줄 수만 있다면 얼마나 좋을까.

'마음을 닦는 심정으로 구두를 닦는다.'는 부부의 말을 다시 한 번 되뇌어 보는 것이다.

청둥오리 사형제

청둥오리 사형제가 고아로 태어났다.

어찌된 일인지 어미 오리가 강릉시 청사 부근에다 알을 낳았다. 개청 50주년을 맞이하고 있는 지난 6월 초의 일이다. 인공부화장으로 옮겨진 알은 20여 일 만에 새끼로 태어났다.

청둥오리는 겨울철새로 경포호수가 그들의 주거지이다. 봄이 되어 고향으로 돌아가지 못하고 낙오된 오리가 텃새가 되어 알을 낳은 것이다. 청둥오리는 집오리의 먼 조상으로 알려져 있지만 평소에는 경계심이 강하고 사람의 접근을 꺼리는 야생오리다.

작은 철망 안에 도랑을 파놓았고 물이 흐르고 있었다. 부들 두 포기가 섰는데 새끼오리들이 잎과 줄기를 쪼며 못 살게 굴었다.

어미를 모르고 자라는 오리들은 사람이 보호자인 줄 알고 있어 바짝 접근하여도 기척도 하지 않는다. 그도 그럴 것이 알을 품은 것도 사람의 손길이요 깨어나서 처음 본 것도 사람의 얼굴이다. 매일 먹이를 주는 것도 사람이니 산같이 우람한 사람들이 어미 새인 줄 알고 있을 것이다.

몸은 검회색 빛깔이고 25cm정도의 크기에 날개는 아직 흉내만 낸 터라 잘린 날개처럼 짧다. 눈 위, 뺨과 주둥이는 노란색이고 입으로 깃털을 손질하기도 하고 어린아이처럼 아장아장 걷기도 한다. 모든 동물의 새끼는 귀엽고 아름답다. 어리고 순수하기 때문일 것이다.

왜 어미오리가 하필이면 사람들의 왕래가 잦은 시청 부근에다 알을 낳았을까. 이 지역의 호수나 천변의 환경이 청둥오리가 알을 낳고 기르기에 적합하지 않다는 얘긴가.

들고양이나 약탈자로부터 알을 보호하기 위한 방어 수단이었을까. 차라리 침략자들로부터 약탈을 당하느니 사람들의 보호를 받는 쪽을 선택한 것일까. 그렇다면 이들은 결국 어미로서 새끼의 양육을 포기하고 사람에게 떠넘긴 꼴이 되는 것이다.

요즈음 사람의 세계도 청둥오리의 처세와 다를 바가 없다는 생각이다. 생활환경이 어두워지고 자식 키우는 것에 어려움이 생기면 새끼를 버려두고 훌쩍 집을 떠나는 어미가 많기 때문이다.

한 달이 지나서 다시 청둥오리 형제와 만났다. 제법 청년티가 나서인지 의젓해졌고 그 후에 새로 들어온 일곱 마리의 동생 오리들과 어울려 살고 있었다. 날개를 흔들어 물기를 털기도 하고 점핑하기도 하면서 긴 잠수도 한다. 포로가 된 고아들이 아이들처럼 세상물정 모르고 천진하게 물장구를 치며 노는 것을 보니 측은하기까지 하다.

가을쯤이면 오리 사형제를 자연으로 돌려보내려 할 것이다. 그들의 몸에 새겨진 야생의 문신대로 자유를 찾아 무한한 창공으로 비상하느냐, 아니면 지리산에 풀어놓은 새끼 곰이 자연에 적응하지 못하고 사람 곁으로 되돌아오는 것처럼 감옥 같은 작은 둥지로 다시 회귀하느냐 하는 문제는 전적으로 그들의 자유의사에 맡겨질 것이다.

조류학자인 하인로트는 '조류는 특별한 습득이나 경험과는 관계없이, 연습도 없이 갑자기 실제행동으로 나타난다.'고 했는데 청둥오리 사형제가 지금은 비록 좁은 우리 안에 갇혀 있으나 어느 날 야생으로 돌려보낼 때 어미의 보살핌이나 훈련 없이도 야생으로 돌아가 적응할 것 같아 마음이 놓이기도 한다.

조류는 부부간의 사랑이나 새끼를 함께 키우는 방식이 사람의 가정생활과 흡사하다. 그리하여 어미 새가 새끼들을 찾기 위해 지금도 방황하고 있는지도 모를 일이다.

여름날 느릅내 저수지 부근에서 인기척에 놀라 하늘로 치솟아 멀리 달아나는 청둥오리를 보며 사람과의 접근을 원천적으로 거부하는구나 하고 서운한 생각이 들 때도 있었다. 고향으로 돌아가지 못하고 더러는 낙오되어 텃새가 되기도 하지만 이들의 천성은 아직도 인간의 접근을 거부하고 있는 야생의 표본이다.

바라건대 이들이 빨리 자라서 작은 우리 안에서 해방되어 동족의 품으로 돌아가기를 기대해 본다. 그리고 겨울이 찾아오면 어미와 함께 다시 경포호수로 돌아와 사납고 추운 긴 겨울을 무사히 넘기기를 바라는 마음이다.

지구촌에 보내는 메시지

서생원에게 마음을 다잡고 선전포고를 한 날이 바로 설날 아침이었다.

그믐날이 저물어갈 무렵 시집을 간 큰누님이 친정으로 찾아와서 나를 뒤안으로 불러냈다. 주위를 살피더니 주머니에 돈을 넣어 주었다. 나에게만 몰래 주는 것이라 가슴이 두근거렸다.

그날 아침에 아버지는 ≪토정비결≫을 펼쳐 놓고 자식들에게 새해의 운수를 풀어주었다. 나를 두고 아버지는 '재복이 있고 바라는 것이 이루어져 운수대통한다.'고 일러 주었다. 어린 놈에게 재물복이라는 것은 가당치도 않겠지만 운수대통한다고 하니 막연하나마 기대를 걸어 보았다. 그날 저녁 누님으로부터 두둑이 돈을 받았으니 ≪토정비결≫이 일러준 대로 재복을 받은 셈이다.

밤에는 공상에 사로잡혔다. 누님이 준 돈으로 무엇을 할까 하고 온갖 그림을 그려 보았다. 우선 공책과 연필을 사고 그토록 갖고 싶었던 필통을 사는 것이다. 그런 후 평소에 사탕과 과자를 얻어먹던 동무들에게 보란 듯 사탕으로 보답을 하는 것이다. 찬바람이 문풍지를 울리던 그날 밤은 유달리 길었다.

신년 아침, 눈을 뜨자마자 윗방으로 갔다. 양말 속에 숨겨서 책장 뒤에다 감추어 두었던 돈을 확인하기 위해서다. 양말을 끄집어내자 눈앞이 캄캄하였다. 억울하고 원통해서 엉엉 울고 말았다. 평소에도 나의 뱃속으로 들어갈 음식을 탈취해가는 것도 억울하였는데 금쪽같은 돈을 마구 쏠아 놓았으니 도둑의 행패를 더는 참을 수가 없었다. 서생원과는 일상에서 늘 쫓고 쫓기는 전쟁 상태였지만 이를 갈며 복수심에 불을 당긴 것은 이때부터다.

쥐란 놈은 백해무익한 동물이다. 사람보다 먹이사슬의 하위에 있는 놈들이 덩치 큰 사람을 깔보고 괴롭히는 것이 그들의 생리인 모양이다. 도둑의 피를 받아서인지 야심한 밤에 곡식을 파먹고 천장이 무너질 듯 소란을 피워 잠을 설치게 한다. 뿐만 아니라 먹이를 노략질하는 솜씨가 뛰어나 지혜롭다는 사람들을 농락하고 있으니 도둑의 명수임이 분명하다.

평소, 천장에 매달아 놓은 음식도 곡예사처럼 줄을 타고 내려와 주둥이를 대고 쌀독에도 들어가 배를 채우고 배설물을 갈겨놓고 통로를 만들기 위해 두더지처럼 땅굴을 판다. 어머니가 기름칠을 하며 소중하게 다루는 장롱을 쇠같이 강한 이빨로 갉아서 흠을 내는가 하면 문에도 구멍을 낸다. 여러 곳에 굴을 파놓아 불을 지피면 방이나 굴뚝 옆으로 연기가 피어오른다. 장롱으로 잠입하여 옷을 쏠고 심지어는 이불 속까지 파고들어 살을 물어뜯는 횡포도 서슴지 않는다. 또 차례 상에 놓을 음식이나 과일에 조상보다 먼저 더러운 주둥이를 대기도 하고 무서운 전염병까지 옮기고 있으니 이들의 죄를 물어 능지처참을 시켜도 분이 풀리지 않을 지경이다. 그러나 이러한 행패들이 다반사로 일어나는 형편이라 불편과 분통이 터져도 별수 없이 잘 참아왔지만 가련한 내 사정은 아랑곳 없이 목숨 같은 재화를 산산조각으로 쏠아 놓았으니 이토록 난폭한 행동거지는 도저히 용납할 수 없는 죄질이었다.

갈수록 이들의 행패가 극에 달하여 집안에서 뿐만 아니라 들에서도 사람의 양식을 노략질하면서 제 세상인 양 기고만장하여 날뛰었다. 폐해가 막심하여 드디어 나라에서 이에 대한 대책을 강구하게 되었다. 1960년대에 새마을운동이 벌어지면서 동시에 쥐 잡기 운동이 전국적으로 일어났다. 이들에게 사약을 내리고 곳곳에 독약을 살포하기 시작하여 하룻밤이 지나면 쥐의 시체들이 나뒹굴었다.

우리집 천장에서 매일 밤 굿을 벌이고 있는 놈들의 극성을 잠재우기 위해 묘안을 짜냈다. 고양이를 풀어놓고 쥐틀과 쥐

약으로 유인하기도 하였다. 이들이 천장에서 우르릉 퉁탕하고 뛰다가 부엌으로 진출한다는 정보를 입수하였다. 숨을 죽이고 기다렸다가 부엌으로 들어서는 놈들을 헌옷 속으로 파고들도록 유도하여 가죽장갑을 낀 손으로 생포하곤 하였다. 잡힌 놈은 손아귀에 힘을 주어 질식시키고 땅바닥에다 힘껏 패대기를 쳐서 10여 마리나 주살하였던 것이다. 어둠의 족속들에게 전쟁을 선포한 후 가장 큰 전과를 올렸던 통쾌한 날이었다.

당시 정부에서는 쥐 잡기 실적을 올리기 위해 쥐의 꼬리를 잘라 개체수를 확인할 정도로 혈안이 되어 있었던 것이다. 그 결과 쥐의 전성기는 끝나고 인가로부터 멀어지게 되었다. 만일 쥐잡기운동을 계속하였더라면 지금쯤은 멸종위기에 처한 설치류로 보호를 받게 되었을지도 모를 일이다. 서생원의 지혜가 아무리 뛰어난다 하더라도 사람의 기지를 능가하지 못하여 그들의 기세가 한풀 꺾이고 사람의 권위를 다시 찾을 수 있게 된 것이다.

그러나 곱씹어보면 사람의 생활방식도 서생원의 방식과 다를 바 없다는 생각에 이른다. 쥐들이 타고난 생존법칙에 따라 해악질을 저질렀다고 한다면 사람들은 보다 나은 고급문화생활을 향유하기 위하여 마구잡이로 지구를 파괴하고 있는 것이다.

고도의 기술을 동원하여 땅속 깊숙이 파고들어가 기름을 뽑아 올리고 온갖 지하자원을 캐내고 심지어는 지구의 허파인 열대우림도 함부로 훼손하고 있다. 자신들의 이익을 위해 환경을 파손하여 지구온난화를 재촉하고 있으며 동식물의 멸종을 부추기고 있다. 높은 산의 만년설과 남북극의 빙산이 녹아내리고 생태계가 혼란을 일으켜 기상이변이 속출하고 있다. 그뿐인가, 가공할 핵물질을 만들어 저장하고 우주선을 쏘아 올려 하늘까지 오염시키고 있다. 흔한 물도 몇 십 년 뒤에는 부족현상이 일어난다고 과학자들은 이미 경고하고 있으니 예삿일이 아니다.

하느님께서 만물을 창조하고 사람에게 지구를 다스리도록 위임하였지만 사람의 지혜가 무디어지고 오만불손하여 지구의 생명을 단축시키고 있는 것이다.

사람들이 아름다운 이 땅을 지키지 못하고 돌이킬 수 없도록 황폐화 시킨다면 창조주가 언제까지 두고 볼 것인지 두려움이 앞선다.

오늘을 살고 있는 우리는 지구란 삶의 터전을 보존하고 가꾸어 나가야 할 공동책임이 있는 것이다. 한때, 서생원의 해악질이 극에 달하여 끊임없이 사람을 괴롭히다가 결국 보복을 당한 것처럼 인간의 무분별한 개발로 자연이 황폐화 되고 생물의 멸종을 부른다면 어느 날 하늘의 진노를 사서 인류가 멸망의 나락으로 떨어지지 않을까.

무자년 새해 아침에, 마음을 가다듬어 우리들의 생존과 번영을 위하여 지구촌에 화해와 평화의 메시지를 보내는 것이다.

만 원어치의 효력

돈의 위력은 대단하다.

돈으로 인해 생사를 가를 수 있는 요인이 발생하고 있으니 돈 때문에 행복의 지수가 결정된다고 하여도 과언은 아닌 것 같다. 돈을 버는 수단도 중요하겠지만 어떻게 쓰느냐가 더 중요한 과제로 남는다. 어쩌면 돈은 신격의 위력마저 행사할 수 있는 괴력을 지니고 있다.

세계의 강국이라는 부자나라가 가난한 여러 나라를 지배하고 있다. 가난이란 뿌리는 깊고 질겨서 가난을 벗어나려면 혼신의 힘을 다해야만 한다.

그러나 종족, 환경, 자원, 지식의 빈곤에 따라 영영 가난에서 헤어나지 못하는 집단도 있게 마련이다. 경제력이 뒤따라야 세상의 진리와 사람의 가치관도 지킬 수 있고 정의와 자유도 살아남을 수 있는 것이다.

세종대왕이 그려진 만 원짜리 지폐 한 장의 가치도 따지고 보면 그 효력이 대단하다. 1960년대 무렵의 근로자의 월급은 고작 만원 안팎이었다. 한 달 생활비 정도였으니 당시 산업 1세대들의 삶의 질은 형편이 없었다.

일반대중의 생활은 말할 것도 없었고 끼니를 해결할 수 있는 최저 생계비 수준이었으니 삶의 질을 따질 겨를이 없었다. 그동안 화폐가치가 뛰어오르고 환률 변동도 많았고 물가도 치솟아 돈의 가치와 척도도 변해 버렸다. 과거의 한 달 생활비였던 만 원이 요즈음은 잔돈푼으로 전락한 것이다.

만 원 지폐 한 장의 가치를 따져 보았다.

강릉에서 춘천까지 두 시간 걸리는 거리를 이동할 수 있고 아내와 같이 한 끼 식사를 해결할 수 있다. 사과 10개, 허드레 바지 하나, 아이스크림 두 통, 한 번의 이발비, 중국산 운동화 한 켤레, 목욕탕에 두 번 갈 수 있는 금액이다.

성군인 세종대왕의 위력이 잔돈푼에 불과하게 되었으니 인물에 걸맞지 않게 돈의 위력이 외소하다. 그러나 만 원 한 장을 얕잡아 볼 수 없는 이유가 있으니 그 가치가 최대한 발휘되는 곳이 있다. 바로 아프리카의 난민지역이다.

지도자를 잘 못 만나 종족간의 혈투로 애꿏은 사람들만 희생의 재물이 되고 질병과 에이즈, 기아에 시달리고 있다. 신의 은총이 사라진 땅, 삶의 의미마저 퇴색한 비극의 현장이다.

만 원이면 어린이 15명에게 고단백질 영양식을 제공할 수 있고 60여 명의 어린이에게 홍역예방접종을 할 수도 있다. 또 100여 명의 어린이에게 실명을 예방할 수 있는 비타민A를 공급할 수도 있고, 10명의 어린이에게 에이즈 진단테스트 키트를 제공할 수 있다고 하니 곳에 따라 빈부의 격차도 심할 뿐만 아니라 돈의 가치와 효력도 다르다.

만 원을 주머니에 넣고 나가면 불안할 뿐만 아니라 소리 없이 사라져 버린다. 돈이란 놈은 틈만 있으면 탈출하려는 습성이 있기 때문에 기회만 있으면 빠져나가기 마련이다. 부자가 되려면 돈의 모가지를 비틀고 놓지 않아야 부를 누리게 된다. 보통사람의 결심으로는 감당하기 어려운 인내심이다.

세종대왕의 만 원도 때에 따라서는 어마어마한 위력을 지니고 있다는 것을 최근의 어떤 사건에서 실감할 수 있었다.

대법원에서 '교통신호를 위반한 운전자에게 노골적으로 금품을 요구해 만 원을 받은 경찰관을 해임한 것은 정당하다.'는 판결이 나왔다. 재판관은 판결문에서 '원고가 받은 돈이 1만 원에 불과하더라도 경찰공무원의 금품수수는 행위를 엄격히 징계하지 않을 경우 공평하고 엄정한 단속을 기대하기 어렵고 법 적용의 공평성과 경찰공무원의 청렴의무에 대한 불신을 키우게 될 것'이라며 해임처분이 지나치지 않다고 판시했다.

기사를 읽으면서 실소를 금할 수 없었다. 공무집행자가 만 원을 가볍게 생각하고 교통위반자를 훌치다가 애쓰고 쌓아 올린 밥통을 졸지에 잃게 되었으니 만 원이란 돈 때문에 가정에 불을 지른 셈이다. 재판부의 추상 같은 판결문은 공부집행자들에게 일벌백계의 교훈을 전달할 수도 있을 것이다. 그러나 진한 술과 기름진 고기에 배를 두드리며 지폐뭉치를 통째로 삼키는 고래도 있고 상어와 문어도 많다. 덩치 큰 범법자를 제대로 가려내지 못하면서 하필이면 송사리 한 마리를 잡아놓고 일갈하고 있으니 마음이 어지럽다.

적어도 법적용의 공평성을 따진다면 감봉, 정직 등의 조치로도 충분하고 그에 따른 파장도 클 것이다. 윗물이 맑아야 아랫물이 맑다는 이치는 만고의 진리이고 고위공직자의 도덕성부터 실천될 수 있는 제도적 장치가 더 요구될 것이다.

세종대왕 할아버지의 위엄이 비록 만 원권 한 장에 들어 있지만 대왕의 권위에 걸맞게 파급효과가 크다고 할까.

대왕이시여,

현명하고 공명정대하여 백성을 사랑하시고 조선이란 나라를 반석 위에 올려놓으신 성군이신 대왕이시여,

사자가 온갖 살아있는 동물을 산 채로 뜯어먹어도 무죄일 뿐만 아니라 그 존재가치가 인정되고 있는 반면 새앙쥐 한 마리가 사람의 볏섬을 뚫어 곡식을 축냈다고 하여 죽임을 당하는 것은 지나치게 불공평한 처사가 아닐는지요.

대왕께서 몸소 만 원권으로 우매한 백성을 두루 살피시지 않으시고 송사리 공무원의 목을 치신 것은 성군의 위업에 어긋

날 뿐만 아니라 현명한 처사가 아닌 줄로 알고 있습니다.

역사에 길이 남을 대왕이시여, 때가 늦었지만 재심하도록 판결문을 돌려보내심이 어떨는지요. 차제에 만 백성이 공평하게 법의 보호를 받을 수 있게 시행령을 개정토록 권고하심이 옳을 줄로 아옵니다.

이제는 국내에만 머물지 마시고 아프리카로 건너가 불행한 어린이들을 돌보아 주시고 나라의 이름을 떨치게 하소서.

질병과 굶주림에 허덕이고 있는 어린이들의 눈을 맑게 빛나게 하시고 대왕의 은덕을 세세토록 기억하게 하시옵소서.

세상에서 가장 귀한 것은 생명입니다. 죽음의 문턱에서 구원의 손길을 기다리고 있는 아프리카의 어린 생명들에게 친히 만 원의 위력을 보내시옵소서.

지구촌의 평화와 어린 생명의 부활을 위하여.

호랑이의 기개

경인년 호랑이해를 맞이하였다.

연암 박지원은 '호랑이는 모든 일에 뛰어날 뿐만 아니라 슬기롭고 용맹스러워서 감히 천하에 대적할 만한 상대가 없다.' 라고 하였다.

예부터 선조들은 호랑이를 상서럽고 지혜로운 동물이라고 하였다. 단군신화나 민화, 민담에도 자주 등장하여 수많은 이야기를 만들어낸 설화의 주인공이기도 하다.

연암의 〈호질虎叱〉이란 해학 수필을 들추어 본다.

'정鄭나라 어느 고을에 북곽 선생이라는 사람이 살고 있었는데, 나이 불과 사십에, 손수 교주校註한 책이 만 권이나 되고 경서를 풀이한 것이 일만 오천 권이더라. 천자天子는 그 행실을 칭찬하고 제후도 그의 이름을 사모하더라.

이러한 북곽 선생이 어느 날 밤, 아름다운 과부인 동리자의 집에 초대되어 갔다가

동리자의 다섯 아들들에게 쫓기는 신세가 되었다. 급히 달아나다가 거름통에 빠지고 말았다. 고개를 들고 보았더니 끔찍하게도 호랑이가 얼굴을 찡그리며 코를 막고,

"엣, 선비 녀석 추하기도 하군." 하는 것이었다. 북곽 선생은 무릎을 꿇고 머리를 숙이며 코가 땅에 닿도록 세 번이나 절을 하고 우러러 빌었다.

"호랑님의 덕은 퍽 큰 바 있어, 덕망이 있는 사람은 호랑님의 몸가짐을 본받고, 임금은 그 걸음을 배우고, 애들은 그 효도를 본뜨며, 장수는 그 위엄을 취하고자 하오니, 참으로 호랑님은 구름의 조화를 부리는 신이나 용과 같사오며, 소생은 바람에 불리우는 천한 몸이올시다."

이 말을 들은 호랑이는 꾸짖으며,

"이놈, 가까이 오지도 말라. 선비 놈은 간사하다는 말을 들었지만, 과연 평소에 있어서 모든 욕은 나에게 쏟아놓더니, 그런 것은 잊은 듯 지금 와서는 처지가 급하게 되어 내 눈 앞에서 아첨을 하는 꼴이라니, 누가 너를 믿을 수 있단 말이냐."…"네가 입버릇처럼 오륜삼강을 떠올려 봤자, 길거리에서 뻔뻔스럽게 쏘다니는 사람들은 모두 글깨나 안다는 양반들이다. 그러나 이들은 가진 수단으로 나쁜 일을 하는데 도무지 고치질 못한다. 호랑이는 이런 일이 없으니, 사람보다 어질지 않느냐."

호랑이가 사람의 행동거지와 호랑이의 처신을 비유해가며 길게 일갈하자 북곽선생은 땅에 엎드려 머리를 수그려 용서를 빌며 숨을 죽이고 호랑이의 대답을 기다렸으나 오래도록 아무 대답이 없더라.

북곽 선생은 송구스럽게 생각하고 있다가 문득 우러러보니, 동쪽 하늘이 이미 밝아지고, 호랑이는 사라져 없고, 밭에 나온 농부들이,

"아, 선생님은 이른 아침 어디다 대고 절을 하고 계십니까." 하고 물었다.

북곽 선생은 능청스럽게 "하늘이 높으니 우러러 보지 않을 수 없고, 땅이 넓으니 구부려 보지 않을 수 없다는 말이 있네. 나는 이것을 실천해 본 것뿐일세." 하며 쓴웃음으로 어색한 표정을 하는 것이었다.'

강자 앞에서 오금을 펴지 못하는 선비의 나약하고 비굴한 모습과 절묘한 변명을 들으면서 어쩌면 닮은꼴의 자화상을 거울에 비춰보는 것 같아 실소를 금할 수 없었다. 두루 호랑이의 말을 곱씹어보면 어떠할는지요.

잠시 지난 시간을 되돌아본다.

근년에 들어 수필계의 큰 별들이 많이 떨어졌다. 현대수필의 대부였던 피천득, 수필영역을 확장하기 위해 노력하였던 조경희, 수필인생을 살며 수필의 질을 높이려고 애썼던 박연구,

유머수필을 개척한 공덕룡, 수필평단을 이끌어오던 장백일, 윤병로 선생도 떠나셨다.

현재에 이르기까지 본격수필시대를 열기 위해 일조를 한 분들 가운데 윤모촌, 정봉구, 서정범, 김태길, 장영희, 유경환, 김영배, 김구봉, 김진태, 목성균, 심영구 선생 등도 유명을 달리했다. 수필의 전성기를 창출하고 방향을 제시해준 소중한 분들을 잃은 것은 수필문단의 큰 손실이자 슬픔이다.

기도하는 마음으로 새해에 희망을 걸어본다.

새날은 시작이자 끝이다. 다시 돌아올 수 없는 한 해를 소중하게 가꾸고 싶다. 냉철한 머리와 따뜻한 가슴으로 인생탐구의 수필을 쓰고 싶다.

민족혼의 상징인 맹호가 질주하듯 국운이 한껏 뻗치고 수필의 깃발도 창공에 휘날렸으면 한다.

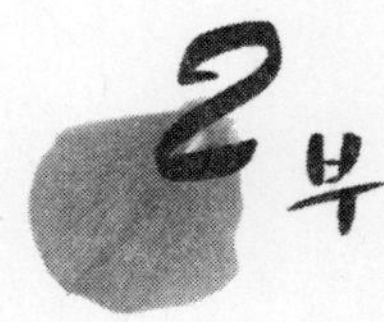

2부

워리의 추억

나는 워리로 태어났다.

보이지 않는 어떤 조물주에 의하여 태어났음을 막연히 짐작하고 있을 뿐 생명의 기원에 대해 전혀 알 수가 없다.

태어난 곳은 조용한 산골마을이고 가난한 농가의 봉당에서다. 그곳은 면소재지에서도 10여 리나 떨어진 외진 곳이다. 한국전쟁 당시에는 빨치산이 출몰하여 군경과 싸우던 곳이기도 하다. 마을 뒤로는 두타산이 우람하게 버티고 마을 복판으로는 실개천이 졸졸 소리 내며 흘러내리는 양지바른 동네다.

예전에는 60여 호가 아기자기하게 살갑게 살았으나 지금은 거의 외지로 떠나고 20여 호만 쓸쓸하게 남게 되었다.

내가 살고 있는 집주인은 천天씨 성을 가졌고 남매를 키우던 빈농이었다. 동네사람들은 나를 '워리'라고 부른다. 워리란 이름은 나뿐만이 아니라 웬만한 동네의 개들을 모두 아우르는 이름이다.

조상 대대로 농촌에서 살아온 죄로 먹을 것이 신통치 않아 아이들의 똥도 먹으며 자랐다. 혈통과 족보, 귀함과 특성도 없는 누렁이에 불과하다. 복날 개천으로 끌려가 청년들의 몽둥이찜질을 받고 숨통이 끊어지면 펄펄 끓는 가마솥에 들어가기도 하고 보신용 똥개란 유명세를 타면서 면소재지나 읍내의 보신탕집으로 팔려 나갔다. 농촌이라 도둑을 지킨다는 것은 명색뿐이지 삽짝을 열어놓고 종일 밭에 나가 있어도 도둑맞았다는 소문이 없던 시절이었다. 음식 찌꺼기가 있으면 받아먹고 아이들의 똥을 핥으며 군식구로 살았던 것이다.

아장걸음을 치던 새끼 때부터 주인집 아이들의 뒤를 따라다녔다. 소를 먹이고 심부름을 갈 때에도 졸졸 따라 다녔다. 철없이 행복했던 시절이었다.

여름 어느 날, 마을에서 제일 높은 산비탈에 있는 농가에서 끔찍한 사건이 일어났다. 부부가 젖먹이를 방에다 재워두고 깊은 골짜기 화전으로 김매러 갔다. 아기가 똥을 싸고 자지러지게 울자 집을 지키고 있던 수캐 워리가 급히 뛰어들어가 아기의 똥을 핥았다. 당시에는 아기가 똥을 싸면 워리! 워리! 하고 불러서 똥을 먹였다. 허겁지겁 똥을 핥던 워리는 돌이킬 수 없는 실수를 하고 말았다. 실수가 아니라 용서 받을 수 없는 죄를 저지른 것이다. 너무 열심히 똥을 빨다가 아기의 잠지까지 잘라 먹었던 것이다.

집으로 돌아온 부부는 마을이 떠나갈듯 땅을 치고 몸부림치며 울부짖었다. 워리의 목을 밧줄로 묶어서 동네골목으로 질질 끌고 다니면서 땅에 패대기를 쳤다. 영문을 모르던 동네 개들은 일제히 짖기 시작하였다. 그 바람에 순하디순한 워리들은 경계의 대상이 되었고 보신용으로 인기가 있던 시절이라 거의 팔려 나갔다.

아기의 잠지를 잘라먹었던 수캐는 죽기 얼마 전에 암캐와 교미를 끝낸 상태였다. 후일 나는 그 암캐에서 태어났고 지금 살고 있는 천 씨 집으로 안겨 왔다고 한다.

내 몸집이 실하여지고 암컷 티가 나자 몸에서 이상한 냄새가 나는지 동네의 수캐들이 몰려들었다. 수캐들의 치근댐을 거절하지 못하고 여러 엉덩이를 마주 붙이는 바람에 아이들로부터 놀림을 받기도 하였다. 난생처음 배가 부르고 새끼를 낳았다.

다섯 마리의 새끼들은 털색과 무늬가 각각이었으나 하나같이 귀여웠다. 차별 없이 젖을 물리고 정성껏 키웠다. 젖을 뗄 무렵 귀여운 강아지들은 하나, 둘 어미 곁을 떠났다. 그때는 주인이 야속하고 원망스러웠다. 새끼들과 한 울타리 안에서 품고 뒹굴면서 가족이란 소중함을 비로소 알게 되었다.

세상살이를 하다보면 본의 아니게 실수를 하거나 거역할 수 없는 사건에 말려들기도 한다. 조용한 생활을 즐기던 나에게

어처구니없는 일이 생겼다. 길 건너 복이네가 키우던 워리가 어느새 중개가 되었다. 어느 날, 내 엉덩이의 이상한 분비물 냄새를 맡고 찾아온 워리는 사족을 못 쓰고 덤벼들었다. 얼떨결에 수캐 행세를 하려는 그놈의 폭력을 이겨내지 못하고 엉덩이를 마주하고 말았다.

우리의 꼴을 본 아이들은 얼러리, 껄러리 하면서 야유를 퍼붓고 돌을 던지기도 하였다. 어른들은 어미와 새끼가 붙은 걸 보고 '진짜 개새끼구먼.' 하며 혀를 찼다. 죽고 싶은 심정이었으나 몸은 마음대로 떨어지지 않았고 서로 외면한 채 먼 산을 바라보며 끔찍한 수모를 견딜 수밖에 없었다. 얼떨결에 배가 불렀고 여러 마리의 새끼를 낳게 되었다. 새끼는 내 목숨처럼 귀하고 사랑스러웠다. 그러나 제어미인 줄 모르고 덮쳤던 워리는 삼복더위에 보신탕집으로 끌려가고 말았다. 모든 사건의 원인은 내가 제공한 꼴이 되었고 어미로 인해 제 명을 누리지 못한 새끼를 생각하면 가슴이 미어지기도 한다.

세월이 흐르는 사이 주인집 아들은 중동으로 떠났다가 서울에 떨어져 살고 있다는 소문이 돌았고 딸은 키 큰 외국인을 따라 멀리 떠났다는 얘기가 들려왔다.

집주인은 아들이 중동으로 떠난 뒤 시름시름 앓다가 세상을 뜨고 지금은 안주인인 할머니만이 기울어진 농가를 지키고 있다. 아들은 아버지 사망 때와 작년과 금년 추석 때에 한 번 다녀갔지만 전화기는 할머니의 귀처럼 점점 먹통이 되어 가고 있다.

이웃집의 동식이네, 복이네와 순이네도 도시로 떠나고 요란을 떨던 경운기 소리도 좀체로 들리지 않는다. 명절 때면 마을이 떠나갈 듯이 신명을 올리던 농악놀이도 사라진 지 오래다. 산골마을의 적막은 갈수록 깊어만 가고 있다.

할머니가 끼니를 거르면 따라서 거르고 먹으면 같이 먹게 된다. 할머니는 식욕도 줄고 마실 갈 이웃도 없어졌다. 가끔 텃 밭에 나가 굼벵이처럼 굼뜨게 움직이며 푸성귀를 가꾸고 있을 뿐이다.

금년 추석 때였다. 아들 내외가 무당벌레 같은 빨간 차를 데굴데굴 굴리며 오더니 마당으로 들어선다. 처음 보는 노랑머리의 며느리 품에는 인형같이 작은 강아지가 안겨 있었다. 머리카락은 땋았고 예쁜 리본도 달고 빨간 옷도 입혔다. 귀엽게 태어난 탓인지 호강이 뻗쳤다는 생각이 들었다. 나와 같이 뛰놀았던 주인 아들은 나를 한 번 힐끗 보더니 '귀신이 다 되었구먼.' 하면서 시선을 돌린다.

세상에는 기적이 있는 모양이다. 개의 짧은 명줄을 타고난 내가 게줄처럼 질긴 생명의 줄을 늘어지게 잡고 있는 걸 보면 그러한 생각이 들게 되는 것이다.

금년 봄에는 외지인이 산비탈에 있는 폐 농가를 인수하여 도사견 우리를 짓고 수십 마리를 기르고 있다. 이따금 마을이 떠나갈 듯 짖어댈 때면 등골이 오싹해질 때가 있다. 금방이라도 우리를 박차고 나와서 내 목을 물고 늘어질 것만 같은 환상에 사로잡히기 때문이다. 이들은 불쌍하게도 감옥 같은 좁은 우리에 갇혀서 주인이 주는 먹이만 받아먹다가 타이탄에 실려 보신탕집으로 팔려 나간다. 투견의 피가 흐르는 이들의 용맹스러운 기질은 거세당하고 사람들의 보신용으로 전락한 것이다.

보신탕으로 팔려나가는 도사견에 비해 스스로 행복하다는 생각이 든다. 할머니가 주는 대로 먹고 자며 흉보는 이웃도 없고 귀찮게 굴던 아이들도 멀어졌으니 자유와 평화를 마음껏 누리고 있는 셈이다. 그러나 이따금 그리움이란 손님이 소리 없이 찾아와서 고독이란 깊은 우물에 나를 밀어 넣고 사라지기도 한다.

가을 하늘이 구름 한 점 없이 푸르게 열렸다. 햇빛이 마당에 쏟아지고 황금들판이 눈부시다. 뒷산에서 장끼가 제 세상인 양 힘차게 목청을 떨친다. 앞다리를 죽 뻗고 땅에 턱을 고였다. 헌옷처럼 기워가는 앞산을 바라보며 올 겨울을 쉬 넘길 수 있을까 하고 생각에 잠긴다. 간혹 지나가던 사람이 나의 한가로운 모습을 보고 개팔자구먼! 하고 핀잔인지 부러움인지 모를 말을 뱉기도 하지만 귓등으로 흘러버린다.

돌이켜보면 나에게도 좋은 시절이 있었다.

할아버지는 젊은 날 장날이 돌아오면 어김없이 면소재지 장터로 나갔다. 항상 해가 기울고 이슥해서야 술이 거나하여 갈지자걸음으로 돌아왔다. 할아버지가 장에 가는 날은 동구 밖까지 나가서 기다렸다가 할아버지와 함께 사립문으로 들어섰다.

그해 여름의 장마 때다. 장터로 나간 할아버지는 좀체로 돌아오지 않았다. 장터의 대폿집 과수댁 때문에 꼬박꼬박 날짜를 어기지 않고 장터로 나간다는 소문이 돌았지만 할머니는 개의치 않았다.

그날도 장맛비가 쏟아지고 안개가 끼고 개울물이 넘치는 데도 할아버지의 모습은 보이지 않았다. 행여나 하고 어슬렁어슬렁 마중을 나가던 나는 동네에서 멀리 떨어진 들에까지 닿았다. 그런데 분명 어디선가 사람 소리가 들렸다. 귀를 세웠더니 할아버지의 기척 같았다. 논으로 뛰어 들었다. 아무리 짖고 옷을 물어 당겨도 꿈쩍도 하지 않는다. 물은 차오르고 있었다. 길로 뛰어나와 목청을 다하여 요란스레 짖었으나 인기척이 없었다.

큰일이다 싶었다. 왔다 갔다 하며 안절부절못하고 있을 때에 어둠 속에서 인기척이 났다. 마구 짖어 댔다. 동네 이장이었다. 논을 향해 짖어대는 나의 행동을 수상히 여긴 이장이 논으로 뛰어들었고 할아버지는 물이 차오르는 논바닥에서 구출되었다. 그 일로 주인을 구해낸 명견으로 소문이 자자하여 한동안 볼품없는 나를 보러오는 사람들도 있었다.

그동안 개장사가 여러 번 찾아 와서 값을 더 얹어주며 팔라고 졸랐으나 그때마다 할머니는 화를 발끈 내며 완강하게 거절하였다. 아마도 물귀신이 될 뻔한 할아버지를 구해준 기특함 때문에 흠이 많은 나를 지금까지 곁에 두고 있는 것 같다. 먼 조상으로 거슬러 오르면 나의 혈통에도 용맹심이나 충성심 같은 영특함이 있는지도 모를 일이다.

요즈음 들어 소원이 있다면 나보다 할머니가 더 오래 사는 것이다. 만일 할머니가 앞선다고 생각하면 앞이 캄캄해진다.

아들, 딸도 쓸모없는 피붙이가 되었고 귀신같이 어수선한 나만이 할머니를 지키고 있는 유일한 식구가 되었다. 그러나 허공을 멍하니 바라보고 있는 흐린 눈빛은 아마도 아들과 딸을 기다리는 간절한 소망 같은 것이 아닐까.

어렴풋이 할아버지가 한 말이 떠오른다.

'어느 날 개집 앞을 지나던 선비가 개에게 물었다.

"너를 왜 개라고 부르는지 아느냐?" 늙은 개가 망설이더니 "사람보다 못하니까 개라고 부르는 게 아닙니까?" 개의 대답이 걸작이었다. "흥, 듣고 보니 그럴듯한 말이군." 선비는 뭔가 켕기는 것 같아 마음이 석연치 않았다. '개보다 못한 놈!' 하고 누군가 뒤에서 소리치는 것 같아 줄행랑을 놓았다고 한다.' 사람보다 못해서 '개'라고 부른다면 개보다 못한 사람을 무엇이라 불러야 할지 지금도 정답이 떠오르지 않는다.

스산한 가을바람이 한 차례 마당을 쓸고 골목길로 내닫는다. 동네에도 워리란 무리는 씨가 말랐고 '워리'란 이름도 이제 마지막으로 달고 있는 훈장이나 다름없다. 면소재지에서 오락가락하는 국적불명의 잡견들이 판을 치는 세상에 똥을 먹던 워리의 시대도 막을 내릴 것 같다.

개로 태어난 이유도 모른 채 기적 같은 장수를 누리면서 오늘까지 버티고 있는 것은 신의 축복이려니. 누렁이의 행복했던 시절도 끝나고 추억도 안개처럼 희미해졌다. 미구에 죽음이 닥치면 산골마을에 주저리 열렸던 전설 같은 사연도 모두 무덤으로 들어가 깊은 잠에 빠질 것이다.

아름다운 하모니

세모를 맞으면 마음은 잿빛이 된다.

구세군의 종소리가 물결처럼 마음에 파장을 일으킨다. 지전 한 장을 자선냄비에 담아주고 사당역 지하철로 들어선다.

조금 전에는 병상에 시달리고 있는 친구를 방문한 뒤라 울적한 마음이 가시지 않고 있었다. 구세군의 종소리와 수척한 친구의 얼굴이 마음을 착잡하게 한다.

지하철 4호선의 객차 안에는 불빛이 유난히 밝다. 승객이 많지 않아 썰렁해 보인다. 이수역에 전철이 서자 한 여인이 들어선다. 허름한 옷매무새에 등에는 아기를 업고 있었다. 포대기에 싸인 아기는 이미 잠들어 있었고 가엽게도 고개가 밖으로 꺾여 있었다.

여인이 앉아있는 사람들 무릎에다 껌 한 통씩을 돌리며 지나가더니 시작한 자리로 다시 돌아와서 껌을 걷는다. 세모 분위기 탓인지 여기저기서 돈을 주며 껌을 되돌려준다. 여인은 돈을 받는데 이력이 난 것처럼 익숙하게 받아 쥔다. 일이 마무리 되자 여인은 다음 역에서 잽싸게 내린다.

이촌역쯤이었을까. 아주머니 한 분이 종이쪽지를 돌리고 있다. 등에 업힌 아이는 두 눈을 말똥거리고 한 사내아이는 여인의 손에 끌려 다니고 있었다. 동정을 얻기 위해 짐짓 얼굴을 씻기지 않았는지 아이들의 얼굴에서 땟국이 흐른다.

무릎 위에 떨어진 종이쪽지를 읽어 보았다. 두꺼운 종이에 볼펜으로 또박또박 힘주어 쓴 글씨다.

'갑자기 아빠를 잃은 저희 세 식구는 몇 번 죽으려 했으나 모진 생명 끊지 못하고 거리를 헤매다 원래 가슴에 병이 있는 전 파출부를 하다 관절염까지 생겨 힘든 일도 못하고 어쩔 수 없이 여러분 곁에 왔습니다. 저희 세 식구에게 희망을 주십시오. 감사합니다.'

끝머리에 '감사합니다.'란 글씨는 크게 써 놓았다. '세 식구에게 희망을 주십시오.'란 글씨가 미납 세금 독촉장처럼 손을 내밀고 있었다. 얼마 지나지 않아 찬송가를 앞세운 맹인이 동냥그릇을 들고 지나간다. 세밑이라 도움을 호소하는 사람들이 늘었나보다.

문득 자신을 뒤집어 본다. 친구의 병문도 그렇다. 집에서 빈둥대면서 30여 년간 한 직장에서 한 솥 밥을 나누어 먹고 살아온 동료의 병문을 미루다가 연말에야 체면치레하듯 다녀온 것이다. 스스로에게도 인색할 뿐만 아니라 남에게 관심을 기울이거나 불우한 이웃을 위하여 손에 든 것을 선듯 나누어 준 적도 없다. 항시 자기의 부족함을 탓하며 살다보니 존재의 의미마저 잊어버리게 된다. 머리와 가슴은 빈 그릇처럼 텅 비어 사리분별을 제대로 하지 못하고 365일을 허송했다는 생각이 들었다. 마음마저 가난하니까 초라하게만 느껴진다.

'마음이 가난한 자는 복이 있나니 천국이 저희 것이요'란 성경구절은 실망하고 애통해 하는 자를 구원하기 위한 위안의 말일 것이다.

가난은 종교도, 정치도, 도덕도 구할 수 없는 재앙이다. 다만 가난의 구제는 보완적 차원일 수밖에 없다.

어느 결엔지 창가에 두 남녀가 서 있다. 다정한 연인 같기도 하고 부부같이 보이기도 한다. 남자가 말을 건네면 여자는 얼굴을 기울이고 여자가 말을 하면 남자는 환하게 미소 짓는다. 부부라기보다는 사랑하는 연인처럼 보기에 아름다웠다.

남자는 40대쯤 되어 보이는 중년이고 여인은 30대쯤 되어 보인다. 자세히 살펴보았더니 남자의 얼굴은 얽은 곰보이고 여인의 얼굴은 둥글고 평범하다. 의외로 두 사람은 시각 장애인이었다. 장애인은 멀쩡한 사지를 지닌 사람에 비해 불행하다. 그중에서도 앞 못 보는 장님이 더욱 불행하다는 생각이다. 아름다운 세상을 바라보지 못하는 그들의 암흑세계를 생각해 보면 마음이 어두워진다. 지금, 밝은 불빛 아래서 사람들의 얼굴을 살필 수 있고, 자유롭게 몸을 움직일 수 있다는 사실만으로도 한없는 신의 축복이라는 것을 느낄 수 있다.

그들은 마음의 빛으로 세상을 바라볼 것이고 소리와 느낌으로 사물을 판단할 것이다. 또한 그들의 사랑은 눈 뜬 자보다 더 절실하고 깊을 것이다.

충무로역을 지날 때까지도 자리에 앉을 생각을 잊은 채 서로의 얼굴을 마주하며 이야기를 계속하고 있었다. 무슨 얘깃거리가 그리도 재미있는지 연신 웃음꽃을 피우고 있었다. 그들의 환한 웃음은 얼어붙은 동삼을 이겨내는 사슴처럼 따뜻하게 느껴졌다.

동대문역에서 내려야 할 것을 깜박 잊고 있었다. 전철이 창동역에 서자 두 사람은 동시에 내린다. 나도 따라서 내렸다. 어차피 되돌아가는 전철을 갈아타야 하기 때문이다. 그들은 가파른 계단을 내리고 있었다. 팔짱을 낀 그들의 발걸음은 한 치의 오차도 없이 리듬을 타듯 착착 진행되었다. 마치 톱니바퀴가 맞물려 돌아가듯 경쾌하게 계단을 밟아 내린다. 오히려 눈이 멀쩡한 내가 더듬거리며 계단을 밟는다. 이들의 걸음은 완벽한 조화다. 혼자가 아닌 둘의 화음이 더 부드럽고 매력적이다. 무사히 계단을 내려 승차장을 지팡이로 두들겨 보더니 적당한 곳에 멈추어 선다. 오래지 않아 의정부행 전철이 들어온다. 문이 열리자 둘은 빨려들 듯 객차 안으로 들어선다. 전철의 꽁무니가 어둠 속으로 사라질 때까지 우두커니 바라보고 있었다.

돌아오는 전철 안에서 생각한다.

'사랑과 웃음을 가진 자는 복이 있나니 천국이 저희 것이오.'

두 마리의 겨울 사슴인 양 그들의 행보는 세모의 울적한 마음을 깨끗이 씻어 주었다. 그들은 마음의 창으로 사랑의 빛을 교감하고 절망을 희망으로 승화시키는 아름다운 영혼을 가진 사람들이다.

세모에, 어둠을 덮고 사는 시각 장애인들로부터 마음의 빛을 얻게 되었으니 부끄럽고 고마울 따름이다. 그들이 건네준 화음의 메시지는 감동의 물결이 되어 올 겨울을 훈훈하게 해 줄 것이다.

새해에는, 손에 들고 있는 빵도 이웃에게 나누어주고, 웃음 한 조각도 밝게 건네주며 가난한 마음으로부터 해방되어야겠다. 사랑을 누리며 나누어주는 한 해가 되었으면 한다.

꽃도 꿈을 꾼다

초가을 어느 날, 양재동 꽃시장에 들렀다.

화려하고 눈부신 전시장을 돌아보다가 꽃 향에 취하여 돌아서려는데 빈손이 허전하여 어느 가게 앞을 기웃거렸다.

그때에 중년의 여인이 주먹만 한 까만 플라스틱 통을 들어 보이며 "이거 꼴은 우스워도 섬나라 흑산도에서 시집 온 아가씨니까 잘 키워보세요. 기다리다 보면 예쁜 꽃을 볼 수 있을 거예요." 하면서 내밀기에 여인의 말이 살가워서 들고 왔다.

아내가 작은 화분에다 옮겨 심었다. 새끼손가락보다 작은 화초는 갖풀을 먹인 잔디같이 뻣뻣하여 잡초 같았다. 그러나 집사람은 젖먹이를 다루듯 정성을 다하여 보살피는 눈치였다. 강릉으로 이사를 올 때 버리고 가자는 나의 제의를 귓등으로 넘기며 감싸 안았다.

해가 여러 번 바뀌면서도 쑥쑥 자라주기는커녕 지지리도 못난 제 꼴을 한결같이 지키고 있어 나의 관심 밖으로 밀려난 지가 오래되었다.

다섯 손가락을 꼽던 해의 여름날, 가족이 무더위를 피했다가 어둑해서야 현관으로 들어서는데 난데없이 꽃 향이 물씬거렸다. 웬일인가 싶어 코를 벌름거리며 향기를 따라가 보았다. 놀랍게도 소엽란이 순백의 꽃을 피우고 있었다.

그 향기가 얼마나 짙고 맑은지 가슴이 설레었다. 청초한 꽃은 요정처럼 순결하고 눈부셨다. 다섯 개의 가녀린 꽃잎을 종이 팔랑개비처럼 한껏 뒤로 말아 젖히고 보란 듯이 무리 지어 피었다. 꿀주머니 줄기는 꽃 턱에서 길게 뻗어 나와 둥근 원을 그리듯 휘어졌으며 마치 단단한 실 꼬챙이 같이 생겨서 꽃을 보호하려는 무기처럼 날카로워 보인다.

세상인심이랄까. 무관심하게 멀어졌던 소엽란이 스스로 꽃을 피웠기에 나의 시선 안으로 들어서게 된 것이다.

소엽란 아가씨의 개성은 특이하다.

밝은 대낮에는 결코 향기를 발산하지 않는다. 티 없이 발랄하고 당찬 모습이다. 마치 흰물떼새가 비상하듯 활기가 넘친다.

백마를 탄 잔 다르크가 호위병을 이끌고 적진으로 돌진하는 기상이라고나 할까. 조국 프랑스를 위기에서 구한 한 여성의 거룩한 용기를 연상시켜 난의 형체가 더욱 고결하게 빛난다.

소엽란은 밤의 여인이다.

은은한 달빛에 물든 그녀는 소복한 여인처럼 청순하고 슬픈 모습이다. 실잠자리처럼 가녀린 몸매는 밤의 여인처럼 요염하고 향기 또한 매혹적이다. 저토록 신묘한 향기는 어디로부터 오는 것일까. 밤의 여신이 빚어낸 오묘한 섭리에서일까. 아니면 하늘나라에서 은밀하게 선물한 향유일까. 향기의 근저를 도저히 헤아릴 수 없어 더욱 신비스럽기만 하다. 달빛에 젖은 그녀의 순연한 자태는 내 마음에도 사랑의 선율을 전이시켜주고 있다.

문득 옛 친구가 떠오른다.

그는 병정놀이를 같이했던 다정한 친구였다. 외국 선적의 외항선을 타고 여러 나라의 항구를 누비던 그는 독일의 항구도시에서 흰 살결의 여인과 만나게 된다. 어둠의 꽃이 풍기는 짙은 살내음에 매료되었던지 오랫동안 밤의 여인과 사랑을 나누었으나 불행하게도 바다의 고혼이 되고 말았다.

반 고흐도 밤의 여인을 사랑했다. 불후의 명작을 남긴 고흐는 밤의 여인과 동거했다. 몸을 사르는 매춘부에게서 연민의 정을 느끼게 되고 슬픈 여인의 삶을 통하여 예술혼을 불태우지 않았을까.

화초도 꿈을 꾼다고 한다.

연약한 풀도 생존의식을 치르기 위해 혼신의 힘을 다해 꽃을 피워낸다. 애써 꽃을 피우고 나서도 그 아름다움을 지키기 위해 나머지 정열을 아낌없이 태우기 때문에 쉬 기력이 떨어져 짧은 생을 마감하게 된다.

소엽란은 흑산도의 바닷바람처럼 생명력이 강하다. 거친 나무 등걸이나 생명을 거부하는 쇠 같은 바위에서도 뿌리를 내리고 끈질기게 생명을 부지하는 집념의 생명체다. 외양은 비록 잡초처럼 볼 품이 없으나 그 기상은 하늘처럼 높고 푸르다.

소엽란의 맑은 정신과 굽힐 줄 모르는 순정을 닮고 싶다.

서산에 걸린 해를 바라보며 남은 꿈 한 자락을 소중히 다루어 수필의 꽃을 피웠으면 한다.

소엽란의 고결한 품성에는 미치지 못할지언정 사람의 냄새가 풍기는, 겨울밤의 온돌방처럼 온기가 감도는 따뜻한 글을 쓰고 싶다.

모든 생명체는 아름다운 꿈을 꾸며 그 꿈을 이루기 위하여 세상에 태어난다고 한다.

짝짓기의 계절

초록물결 위에 쪽배 하나가 떠간다.

배 위에는 어린 사공이 힘겹게 노를 젓고 있다. 그러나 쪽배는 앞으로 나가지 못하고 제자리걸음이다. 무성한 콩잎은 초록물결의 일렁임이요 콩잎에 앉은 쪽배는 어미 섬서구메뚜기이며 어린 사공은 그의 새끼다. 어미가 새끼를 등에 업고 콩밭에서 노닐고 있는 모습이 마치 푸른 바다 위에서 어린 사공이 노를 젓고 있는 형상으로 연상되었던 것이다. 그리하여 콧노래마저 흥얼거리게 되었다.

“배를 저어 가자 험한 바다물결 건너 저편 언덕에/ 산천 경계 좋고 바람 시원한 곳 희망의 나라로”

초가을의 들녘은 결실의 계절이라 논이나 콩밭 풀 사이에는 여러 모양의 메뚜기들이 제철을 맞아 풍요로움을 누리고 있다.

섬서구메뚜기는 쪽배처럼 날렵하게 생겼지만 움직임은 굼뜨다. 논이나 콩밭 사이에 살고 있는 벼메뚜기는 감각도 예민하고 경계심도 강하여 여차하면 멀리 뛰면서 위급한 상황을 잘 모면한다. 풀숲에 살고 있는 방아깨비도 길고 튼튼한 다리로 멀리 뛰기도 하고 위급할 때에는 하늘로 날아올라 줄행랑을 치기도 한다.

그러나 섬서구메뚜기는 카누처럼 생긴 날씬한 몸매와는 달리 느리기 짝이 없다. 나무늘보가 새끼를 등에 업고 세월아 네월아 하며 느릿느릿 기어가듯 섬서구메뚜기도 그에 못지않다.

손으로 잡는 시늉을 하며 건드려야만 그때서야 몇 발짝 뛸 뿐이다. 그러하니 잽싸게 뛰고 나는 다른 메뚜기에 비하면 방어능력이 그만큼 뒤지는 셈이다. 너무나 둔하고 느려서 험한 세상을 어떻게 헤쳐 나갈지 걱정이다.

콩밭에는 메뚜기류 외에도 다른 곤충들이 이웃하여 살고 있다. 무당벌레란 놈은 황갈색 바탕에 검은 점이나 붉은 점 무늬가 있어 칠보처럼 아름답다. 기특한 것은 진딧물을 먹이로 하고 있어 사람에게는 익충에 속한다.

또 노린재란 놈도 함께 살고 있는데 화려하게 몸단장을 한 놈도 있고 칙칙한 흑갈색 옷을 입고 있는 놈도 있다. 이들은 고약한 냄새까지 풍기면서 적을 경계하기도 하지만 해충으로

하여 사람들의 환영을 받지 못하고 있다.

이들 세 종류 중에 콩밭에서 보호색으로 잘 무장한 편은 섬서구메뚜기이고 무당벌레와 노린재는 눈에 잘 띄는 약점을 가지고 있다. 그러나 무당벌레나 노린재는 위급할 때에는 날개를 펴고 멀리 날아갈 수 있도록 나름대로 보호책을 세워 놓고 있다.

초가을에 접어든 어느 날이었다.

여전히 섬서구메뚜기는 새끼를 등에 태우고 뱃놀이를 하고 있었다. 아마도 어미의 목숨이 다할 때까지 새끼를 등에 매달고 다닐 것이라고 생각하니 모성의 지극함을 새삼 느낄 수 있었다.

호기심이 발동하여 어미의 몸통을 잡았더니 어미와 새끼가 떨어져서 제각기 도망치는 것이다. 둘을 고스란히 생포하기 위하여 궁리 끝에 어미의 머리 부분만 잡았더니 어미 등에 찰싹 붙은 새끼도 생포할 수 있었다.

배를 뒤집어 보았다. 흠칫 놀라지 않을 수 없었다. 새끼의 꽁무니와 어미의 배 끝부분이 밀착되어 있었던 것이다. 암수가 생식기를 접촉하여 짝짓기를 하고 있었으니.

모성본능에만 감탄하고 있던 나는 '모정'이란 믿음이 일시에 깨어지면서 괘씸한 생각마저 들었다. 어린 사공은 수놈이었고 쪽배처럼 큰 놈은 암컷이었다. 덩치 큰 암놈이 수놈을 가볍게 등에 업고 다니면서 교미에 열중하고 있었던 것이다.

이웃인 무당벌레도 거북이처럼 등에 업혀 짝짓기를 하며 동글동글 굴러다니고 노린재는 꽁무니를 서로 붙이고 개처럼 등을 돌려 짝짓기를 하고 있다. 마침 잠자리 한 쌍이 자유자재로 공중을 날며 성의 유희를 즐기고 있다. 동물이나 곤충은 일정한 기간이나 발정기에만 짝짓기를 하고 있어 절제된 성생활을 하고 있다고나 할까. 사람은 다른 동물과는 달리 성의 자유로움과 번식의 축복까지 받았으니 동물 중에 가장 행복한 종이란 생각이 들었다.

짧은 생애를 통하여 하늘이 내려준 종족번식의 소임을 성실하고 신비스럽게 치르는 모습을 보면서 다시 한 번 하늘의 섭리에 고개를 숙이게 되는 것이다. 어쩌면 하늘의 뜻을 거스르지 않고 순응하는 종족이란 생각이 들었다.

더없이 푸른 하늘과 산들바람, 따뜻한 햇볕이 물결치는 들녘에는 과즙처럼 가을이 익어가고 있다. 종족번식의 내밀한 축제가 콩밭 곳곳에서 벌어지고 있어 가을의 풍요로움을 더해주고 있다.

난데없이 녹갈색의 방아깨비 한 마리가 경비행기처럼 가볍게 날며 '때까-때까' 하고 풍악을 울리며 날아가고 있었다.

수혈하는 단풍나무

핏빛으로 물든 단풍이 온 산을 활활 태우고 있다. 그 빛깔은 눈을 뜰 수 없을 만치 현란하다.

어느 가을 날 남한산성의 벌봉까지 갔다가 돌아오는 길목에서 만난 단풍 군락지였다. 한 뼘만 한 아기 단풍들이 스스로 몸을 불사르며 삽시에 온 산을 삼킬듯한 기세다.

강렬한 불꽃에 휘말려 나도 모르게 어린 단풍 하나를 뽑아서 배낭에 조심스럽게 넣었다. 집으로 돌아와 화분에다 옮겨 심고 물을 주며 행여 마르기라도 할까봐 마음을 졸였다.

산성을 오를 때마다 역사의 아픔이 머리에 똬리를 틀었다. 한이 서린 성곽을 돌면서 수치심과 분노가 마음을 혼란케 하고 군사들의 절규가 환청으로 떠돌았다.

1936년 인조 14년, 엄동설한인 12월에 청태종은 10만 대군을 이끌고 인조왕이 피신한 남한산성을 포위한다. 성안에 갇힌 1만의 조선군대는 청군과의 전투에서 패하기만 하였다. 왕자가 피신한 강화도도 적의 수중에 들어가고 병사들의 사기도 땅에 떨어지고, 군량미도 부족한 상황이었다. 청군의 협박을 견디다 못한 인조 임금은 1637년 1월 30일, 결국 성문을 나와 삼전도로 나아가게 된다.

청태종은 황색 장막 안의 9층 단위에 앉아 있었고 인조 임금은 청태종 앞으로 나아가 3번 절하고 9번 머리를 조아리며 항복의 예를 바쳤다. 침탈을 당한 우리 역사상 가장 치욕스러운 날이었고 한강의 칼바람도 슬피 울었다.

청나라의 요구대로 강화조약이 체결되었다. 군신의 예를 다할 것과 세자와 둘째 왕자를 인질로 보낼 것과 척화파 3학사도 포로로 데려가기로 하고 매년 조공을 바치기로 한 약속이었다. 이렇게 하여 45일간의 전쟁이 끝나고 병자호란은 막을 내리게 된다.

그러나 굴욕적인 항복의 그늘에는 또 다른 비극이 따르고 있었다. 강화도를 점령한 청군은 조선의 여자들을 납치하기 시작하였다. 청군의 능욕을 피하기 위하여 사대부들이 자신의 어머니와 딸, 며느리에게 자결을 독촉하는 비참한 일까지 벌어졌다. 여인들은 자결하기도 하고 바다에 뛰어들기도 하였다.

청군에 의해 심양으로 끌려간 여인들은 그들의 첩이 되거나 노예가 되어 갖은 박해와 수모를 당하였다. 후일 고향으로 돌아오게 된 여인들은 '환향녀'라는 꼬리표가 붙게 되고 그 꼬리표는 '화냥년'으로 둔갑하게 되어 부정한 여자를 욕되게 이르는 말이 되어 버렸다. 그들은 고국에 돌아와서도 수치와 멸시를 받았던 아픈 역사의 주인공들이었다.

우리집 혈단풍은 바깥세상의 단풍이 다 지고 나서도 한참 뒤인 12월에 접어들어서야 물들기 시작한다.

강릉으로 옮겨 앉은 지도 10여 년이 되었다. 금년에는 겨울이 깊어가는 데도 기척이 없어 은근히 걱정이 되기도 하였다.

그러던 어느 날 아침에 눈을 번쩍 뜨게 하였다. 아기손단풍이 붉게 물들어 있었다. 세월을 많이 먹었는데도 단풍나무의 키는 두 뼘을 넘지 못하고 몸통도 굵은 나무젓가락 정도라고 할까, 쑥쑥 자라주지 못하는 단풍이 안쓰럽기까지 하다. 그러나 제 정기를 잃지 않고 계절마다 불을 지피며 본성을 지키고 있는 것이 갸륵하기만 하다.

우리 집 단풍은 다른 단풍나무처럼 서둘러 잎을 떨구지 않는다. 핏빛이 퇴색하고 오목손처럼 잔뜩 오그라든 잎들이 추운겨울을 버티며 가지를 부여잡고 놓아주지 않는다. 봄이 되어 새싹이 틀 무렵 비로써 비운의 역사를 수혈하듯 새 생명에게 치욕, 분발, 영광이란 혈기를 주입해주고 미련 없이 떨어지는 것이다.

청태종에게 머리를 조아리며 항복한 수치스러운 역사는 한 번 만으로 족하다. 역사는 과거에 대한 조명이요 현재와 미래에 대한 거울이다. 역사를 잊어버리는 민족은 겨레의 혼과 뿌리를 잃어버린 것과 같아서 흩어지기 쉬운 무리에 불과할 따름이다.

앙상한 나뭇가지마다 하얀 눈꽃이 눈부시게 피었다. 하지만 불에 그을린 것처럼 쪼그라든 단풍잎은 남한산성의 후예답게 추위를 외면한 채 한을 삭이고 있다.

우리 집 단풍나무는 슬픈 역사를 되새겨주는 산 증인이자 기념수다. 말간 정신을 지닌 단풍나무는 역사의 수레바퀴를 거꾸로 돌려 비극의 소용돌이에 다시 휘말리지 않기를 간절히 기도하면서 새 생명이 움트는 봄을 기다리고 있는 것이다.

파리의 변주곡

'파리'라고 하면 먼저 떠오르는 곳이 있다. 많은 사람들로부터 사랑을 받고 있는 도시, 프랑스의 파리를 먼저 연상하게 된다.

그러나 곤충의 한 종류인 '파리'는 불쾌감을 일으키는 위생해충이다.

파리 중에는 사람의 생활과 불가분의 관계를 맺고 있는 집파리와 썩은 동물의 시체나 분뇨 등에 기생하는 쉬파리도 있다.

집파리는 개방된 화장실이나 분뇨에 알을 슬고 구더기와 번데기 과정을 거쳐 성충이 된다.

50여 년 전만 하더라도 생활환경이 열악하여 사람과 파리는 한 집안에서 먹고 자며 동거했다. 파리란 놈들은 밥상이 오르기가 무섭게 염치없이 덤벼들었다. 뿐만 아니라 잠자는 아이의 입이나 눈에 붙어 물기를 빨아들이며 성가시게 굴었고 병을 옮기는 매개체 구실까지 하였다.

떼거리가 판을 치던 음식점에서는 이들의 공격을 묘면해 보려고 끈끈이 종이 약을 주렁주렁 매달아 놓았다. 끈끈이에 빠진 놈들은 발버둥을 쳐보지만 헤어나지 못하고 죽음을 맞이해야만 했다.

파리와의 동거시대에는 웃지 못할 사건도 많이 벌어졌다.

음식점에서 설렁탕 그릇을 거의 비운 사람이 파리를 잡아 국그릇에 빠뜨리고 주인을 불러 호되게 야단을 친다. 놀라고 미안한 주인은 허리를 연신 굽실거리며 새 설렁탕 한 그릇을 대령하는 것이다. 파리를 빌미로 배를 채운 사람은 음식점을 나서면서 배를 잡고 웃게 된다.

어느 날, ㅅ군과 같이 중국음식점에 들렀었다. 자장면을 시켜 둘이서 열심히 그릇을 비우고 있었다. 자장면이 바닥이 날 무렵 친구는 큰 소리로 주인을 불렀다. 그는 눈을 부라리며 호통을 친다. 어느새 파리 한 마리가 자장면 그릇에 빠져 있었다. 웃음을 겨우 참고 새로 나온 자장면을 덤으로 얻어먹고 음식점을 나왔다. 이럴 때에는 파리 덕을 톡톡히 보긴 했지만 뒷맛이 개운치 않았다. 가난했던 시절의 이야기들이다.

고교시절, 오갈 데가 없던 나는 걸핏하면 ㅅ친구 집으로 보따리를 옮기곤 하였다. 이해심이 깊은 친구는 한 번도 거절하거나 싫은 내색을 하지 않았다. 당시 친구의 집은 왕십리에 있었다. 서울시내에서 실어 온 인분을 채소밭 인근에 구덩이를 파고 그곳에 저장하여 채소밭의 비료로 사용하였다.

분뇨장에서 성장한 파리들이 민가를 습격하여 생활터전을 잡았고 사람들은 파리와의 전쟁에서 수세에 몰려 있었다. 아무리 잡고 또 잡아도 꾸역꾸역 늘어나는 파리 떼들의 수에 밀릴 수밖에 없었다.

집안의 천장과 벽, 방바닥 할 것 없이 새까만 파리로 도배를 한 꼴이 되었다. 밥상을 들여놓기가 무섭게 검은 구름떼처럼 몰려와 악다구니처럼 음식에 곤두박질쳤다. 한 손으로 파리를 쫓으랴 다른 손으로 밥을 떠 넣으랴 가히 파리와의 전쟁은 더럽고 치열하기만 하였다.

이 무렵부터 '왕십리 똥파리'란 유행어가 꼬리를 물고 퍼져나가 왕십리 하면 똥파리가 들끓는 변두리쯤으로 여기게 되었다.

사실, 왕십리 똥파리란 내력을 살펴보면 최근의 일이 아니고 그 뿌리가 꽤나 깊은 역사성을 띠고 있어 흥미롭다.

조선시대 말기에는 구식군대를 조정에서 훈련시키고 있었는데 무기도 보잘것없었고 대우도 매한가지였다. 군인들의 급료가 낮았을 뿐만 아니라 제때에 지급되지 않아 가족들의 생활이 궁핍할 수밖에 없었다. 가난을 견디지 못한 가족들은 한적한 왕십리 쪽에 모여 살면서 채소밭을 가꾸기 시작했다. 문안에서 운반해온 인분으로 가꾼 채소는 다시 문안으로 팔려나갔다.

왕십리 똥파리의 발생은 가난한 군인 가족들의 채소밭에서 비롯된 것이니 그 연유가 오래고 가슴 아픈 내력을 지니고 있는 것이다.

근래에 와서 채소밭이 매립되고 도시가 확장되면서 시가지가 들어서게 되고 왕십리 똥파리의 명성도 빛을 잃고 바람결처럼 사라져 버렸다.

사실, '똥파리'란 말은 남에게 기생충처럼 붙어 폐를 끼치는 사람을 가리키거나 자신의 이익을 위해 집요하게 남을 괴롭히는 사람을 이르기도 한다. 또한 가난하고 약한 서민들의 등을 쳐서 금품을 강탈하는 족속들도 이에 속한다.

파리란 놈은 후각이 발달하여 멀리서도 용케 음식냄새나 썩은 냄새를 가려내어 목표지점까지 정확하게 날아가는 뛰어난 기능을 가진 놈이다.

젊은 날, 산길을 가다가 배변을 볼일이 생겼다. 엉덩이를 까고 앉아 초록 잎새 사이로 쏟아지는 햇빛에 취해 있을 때 어디서 날아들었는지 산적같이 생긴 시커먼 파리가 주위를 맴돌다가 사뿐히 인분에 내려앉는다. 마음의 여유를 가지고 산적의 거동을 살핀다. 일정한 자리를 잡은 파리는 쉬를 인분 위에 재빨리 슬고 유쾌하게 콧노래를 부르며 날아가 버린다. 얼마 지나지 않아 알에서 죽순처럼 끝이 뾰족한 구더기가 꼼틀거리기 시작한다. 산 파리는 인분이 굳어지기 전에 구더기가 되고 성충이 되도록 환경에 적응하는 생태를 가졌다는 것을 알게 되었다.

사람 똥파리도 파리의 생리를 닮아 약삭빠르게 환경을 이용하는 능력을 가지고 있는 것이다.

요즈음은 집파리조차 구경하기가 힘들어 졌지만 오히려 사람똥파리들이 극성을 부려 사회가 어지럽고 불안하다. 너덜너덜한 의식과 흑백논리로 무장한 똥파리 집단이 선량한 집단을 할퀴고 물어뜯는다.

원래 똥파리들은 방울 같은 큰 눈을 자유자재로 움직여 경계를 늦추지 않으며 지저분한 먹이 작업이 끝나면 눈도 깨끗이 씻고 날개도 매만지고 하여 기생오라비처럼 몸을 단장하는 습성을 가지고 있다.

사람똥파리들도 '정의'라는 이름으로 선량한 사람들을 무차별 공격하면서 외모만은 깔끔하고 천연덕스럽게 위장을 한다. 그리하여 사회의 가치기준에 혼돈을 일으키고 그 혼란을 이용하여 집단의 이익을 도모한다.

이러한 추세로 똥파리들의 횡포가 늘어난다면 비록 가난했지만 미래를 꿈꿀 수 있었던 50여 년 전으로 되돌아가는 것이 마음 편할지도 모를 일이다.

사람똥파리, 공공의 적인 산적 같은 무리들을 청소할 묘안은 영영 없는 것일까.

고독의 뒤안길

고독은 내 문학의 동반자이다.

문학의 길을 선택한 동기를 찾아 유년의 시절로 거슬러 오른다.

초등학교 졸업을 앞두고 담임선생님은 한 사람씩 면담을 하면서 장래의 희망을 물었다. 나는 서슴지 않고 "저는 대문호가 되겠습니다."라고 답변하였다.

그 말이 족쇄가 된 것일까, 원대한 꿈은 이루지 못하였지만 푸르디푸른 각서는 지금도 유효하여 나를 따라 다니고 있다.

상처받은 영혼은 고독해진다. 가난과 복잡한 가족 관계는 일찍이 나를 사념이란 깊은 우물 안으로 가두어 버린 것이다. 외로운 영혼은 방황을 시작하고 그 끝자락에서 문학과 만나게 된다. 문학서적의 향기는 나를 매혹시켰고 문학이란 울타리 안으로 나를 유인하였다. 중학생 때부터 문학작품을 섭렵하면서 수업시간 중에도 소설책을 교과서 안에다 펼쳐 놓고 읽었다. 자연히 나의 성적은 떨어지기 시작하였다.

중학교 3학년 때 집을 떠나 고학의 길을 선택하게 된다. 그때부터 일기를 쓰기 시작하였고 일기 쓰기는 문학의 명맥을 이어준 명줄이 되었다.

눈 코 뜰 새 없이 허둥대던 훈련소 생활에서도 작은 수첩에는 깨알 같은 글씨로 채워졌다. 군복무 기간 동안 문학서적과 일기장은 피붙이나 다름없었다. 서적은 시내의 다방에다 맡겼고 일기장은 행정반 천장에다 숨겨 두었다. 아무리 엄격한 검열에도 들통이 나지 않았고 나의 소중한 이야기들은 어두운 곳에서 숨 쉬고 있었던 것이다.

힘들게 기록한 젊은 날의 자화상도 어느 날 몽땅 불 속으로 뛰어 들고 말았다. 뛰어든 것이 아니라 부엌 아궁이에 던졌던 것이다.

사연인즉, 결혼 후에도 오랫동안 침묵을 지키고 있는 나무 괴짝 하나가 마루 구석에 육중하게 앉아 있었다. 궁금증이 극에 달한 아내가 어느 날 굳게 다문 뚜껑을 부수고 내용물을 끄집어내었다.

그 일기장들에는 한 번도 들먹이지 않았던 다른 여인과의 사랑의 노래들이 쏟아져 나온 것이다.

아내와의 전쟁은 시작되었다. 나의 끈질긴 설득에도 아내는 굽히지 않았고 결국 파경에까지 이르자 아름다웠던 사연들은 불 속으로 사라진 것이다.

고등학교 2학년 때부터 소설을 쓰기 시작하였다. 자전적 소재에 가상 인물을 설정하여 틈나는 대로 종이를 메꾸워 갔던 것이다. 이것이 나의 문학생활에 커다란 전기가 되었다.

소설 쓰기 작업은 4년 이상 계속되었다. 자취방을 옮기기 전날 주인 아저씨와 식탁에 마주 앉았다.

"박 군이 우리 가족과 헤어지는 마당이라 얘기하겠네, 미안한 얘기지만 벽장에 숨겨둔 자네의 소설을 가끔 훔쳐보았네, 좋은 글이야, 자네는 소설가로 대성을 할 테니까 열심히 하게나. 소설집이 나오면 잊지 말고 나에게도 보내 주게." 아저씨의 격려였다.

소설은 완성되었지만 발표를 미루다가 이삿짐에 묶여 이리저리 떠돌다가 수재를 당하여 영영 잃어버린 것이다.

가산이 기우러진 아버지는 나에게 큰 기대를 걸고 있었다. 그러나 나는 문학에 정신을 빼앗기고 있었다.

1959년 최초로 시집 한 권을 들고 문단이란 궤도에 진입함으로서 비로써 자긍심을 갖게 된 것이다.

1960년 고향에서 최초로 동인지가 탄생했다.

삼척이란 문학의 불모지대, 가난한 문학도들이 모여 동예문학회를 결성하고 동인지를 창간한 것이다.

나는 단편소설을 발표하기 시작하였고 문학이란 정취에 흠뻑 빠져들었다.

그 무렵 나는 결혼을 포기하고 문학의 길로만 정진하기로 마음을 굳히게 된다.

그러나 인생에는 복병이 있는 법, 한 여인이 등장하여 나를 사로잡았던 것이다. 사랑의 마법이 나의 눈을 멀게 하고 영혼도 움직여 결혼이란 명분을 탄생시킨 것이다. 가족이란 대명사가 가난을 극복하기 위한 전위병으로 등장하여 직장생활과 글쓰기를 병행할 수밖에 없었다. 그러다 보니 작품활동이 시원치 않았다.

1980년대에 들어서면서 창작활동이 본궤도에 오르기 시작하였다. 삶의 목표를 다시 수정하고 수필에 전념하게 되었다.

나는 지금 행복하다.

문학이란 불꽃이 아직도 타고 있기 때문이다.

작품을 구상하고 쓰고 수정해 가면서 맛보는 성취감은 비할 수 없는 기쁨이다.

나는 사람을 좋아한다. 특히 문우를 좋아한다. 문학 이전에 사람의 정을 더 소중히 여기고 그리워하는 것이다.

앞으로도 창작을 통하여 나의 혼불을 태울 것이다.

내가 추구 하고자 하는 인생의 이야기들을 성실하게 기록하고 그 이야기들을 이웃과 나누려고 한다.

문학은 살아 있음의 의미이고 내 여로의 동반자이기 때문이다.

먹자골목

강릉의 금학시장 입구에 가면 방음벽처럼 커다란 간판이 버티고 있다.

'어서 오우야 강릉먹자골목'이란 글씨가 눈을 크게 뜨게 한다. '먹자골목'이란 어감에 친근감이 가고 웃음기가 묻어난다. 철길을 등에 지고 판자촌처럼 길게 늘어선 곳이 유명세를 타고 있는 먹자골목이다.

굴속처럼 좁은 골목 안에는 갖가지 상점들이 빼곡히 들어차 있다. 먹거리뿐만 아니라 일반 생필품가게도 어우러져 있다.

입구에는 환하게 맞아주는 꽃가게가 있다. 이어서 생선가게, 만물상, 옷수선집이 등장하고 골목을 마주보고 올망졸망한 가게들이 저마다 얼굴을 내밀고 있다. 쌀가게, 떡집, 반찬가게, 약재상, 제화점, 잡화점, 옷가게, 야채가게, 찐빵집, 과자집, 철

물점, 이불가게, 과일가게, 시계점 등 서민들의 일상에 필요한 용품과 먹거리는 다 있는 셈이다.

여인네들이 부산하게 음식을 장만하고 있다. 여기저기 의자에 꾸부정한 노인네들이나 아낙네들이 음식을 앞에 놓고 즐겁게 얘기를 나누고 있다. 이곳에 들어서면 사투리와 음식 내음이 어우러져 구수한 골목이 된다. 대충 눈에 들어오는 간판이름을 외어보면 두리랑집, 번영부침, 초원팥죽, 아름이네부침, 순이네부침, 임계집, 삼척집, 봉평메밀부침, 은혜의집, 훈이네메밀부침, 정거장집, 은영이집, 충남메밀부침 등 성냥갑 같은 가게에 붙은 이름들은 보통 이름들이라 정겨움을 느끼게 한다.

골목의 크기는 두 사람이 서로 몸이 스칠 정도로 좁고 길이는 300보 정도다. 입구와 끝 부분은 일반가게들이 차지하고 철로 변 중간 지점에 먹거리 가게가 잇대어 있다. 골목을 빠져나가면 중앙시장 도로와 만나게 되어 북 남도로의 통로역할을 하기도 한다. 가끔 아내와 같이 긴 의자에 앉아 감자전이나 팥죽을 시켜 끼니를 때울 때도 있다.

초겨울 어느 날 '두리랑집'에서 팥죽그릇을 앞에 놓고 있었다. 동짓날 팥죽을 끓이면 이웃집으로 팥죽그릇이 바쁘게 오고 간다. 서로 나누어 먹기 때문에 집집의 팥죽 맛을 골고루 볼 수 있다. 굴뚝에 연기가 오르지 않는 집에는 더 많은 팥죽그릇이 들어간다.

팥이 제 몸을 갈아 그릇에 붉은 빛을 담아 놓았다. 그 빛을 들여다보노라면 지난날의 가난이 눈물어리게 한다.

'눈물 젖은 빵을 먹어 보지 않은 사람은 인생을 모른다.'란 말이 있다. 우리 세대는 모두 눈물 젖은 빵을 먹고 자랐다. 그래서 인생을 더 깊이 알고 있는지도 모르겠다.

옥수수 막걸리를 서너 잔 들이키고 나면 감자전이 멍석처럼 눕는다.

잘사느냐, 못사느냐가 문제가 아니라 굶어 죽느냐, 얼어 죽느냐 아니면 목숨이라도 부지하며 살아남느냐 하는 절박한 시대를 살았다. 감자전을 살점처럼 씹으며 시린 추억을 되짚어 본다.

암울했던 시대에 나를 사로잡았던 소설책은 올바른 삶의 지표를 가르쳐 주었다. 굶주려도 도둑질은 하지 말라는 의지를 심어준 것이다.

빅톨 위고 작 〈레 미제라블〉 소설의 주인공 장발장은 가난한 나무꾼의 아들로 태어났다. 어느 날 굶주려 우는 조카를 위하여 빵 한 조각을 훔치다 들켜 19년 동안 감옥살이를 하게 된다. 속죄와 희생을 되풀이하는 삶을 통하여 그가 겪은 고통과 성자의 길을 보면서 정직하게 사는 길을 알게 되었다.

가난은 수치도 체면도 가리지 않는다. 극도의 굶주림은 이성을 마비시키고 범죄를 불러들인다. 그러나 장발장의 일생을 통하여 나는 범죄의 유혹을 뿌리칠 수 있었다.

서민들이 오가는 골목길, 허름한 옷매무새와 가난을 얼굴

가득 담고 있는 이들의 사투리에 빨려 들어간다. 막걸리와 메밀전, 감자전과 팥죽은 분위기에 농익어 맛이 한층 더하다.

마침 두 늙은이가 기웃거리더니 옆자리에 앉는다. 낡은 의자만큼이나 지친 육체를 무겁게 내려놓더니 먼 길을 온 나그네처럼 한숨을 푹 쉬고 있다.

"여보게! 자네 기억나나? 6·25전쟁 중에 학생들 간에 이런 언쟁이 있었지. 빵이 먼저냐 자유가 먼저냐. 굶주림과 전쟁의 소용돌이에 휘말린 암담한 시절이었으니까 빵과 자유는 토론의 대상이 되었지. 자네는 어느 편이었지?"

"나는 빵을 선택했지. 죽는 것보다는 사는 쪽이 우선이라는 생각 때문이었지. 목숨이 살아야만 꿈도 이루고 살기 좋은 세상도 만들 수 있다는 생각이었지. 지금은 이 모양 이 꼴로 살지만 말이야. 다른 친구는 자유 없이 살려면 차라리 죽음을 선택하는 쪽이 낫다고 주장하였지. 인간답지 않는 생활은 삶의 의미가 없다는 것이었으니까. 사실 목숨보다 귀한 것이 어디 있나. 자유는 배부른 흥정이고 빵은 생명과 직결되는 것이니 우선 살고 나서 생각해 보자는 것이지."

"자네는 실리적인 생각을 했구먼. 아무튼 빵이 먼저냐, 자유가 먼저냐는 각자가 선택할 수밖에 없지 않을까. 그 선택은 자신의 인생관과 결부되어 있는 것이니까."

두 노인은 막걸리 잔을 서로 주고받으면서 지금껏 살아남은 것을 축복이라고 위안을 한다.

이제는 깡통을 두드리며 생떼를 쓰는 거지들도 보이지 않고 동냥 술을 마시고 길바닥에 쓰러져 자는 주정뱅이도 보이지 않는다. 먹자골목은 향수를 먹고사는 사람들에게 사랑 받는 골목길일 뿐이다.

옥수수 막걸리에 거나해진 나는 옆 사람에게 먼저 간다는 목인사를 건네며 일어섰다. 어둠이 내리자 골목길은 더욱 분주하고 사람들 손에는 검은 비닐봉지가 주렁주렁 매달렸다.

먹자골목을 나선다. 초입으로 나와 간판을 다시 쳐다본다. '어서 가우야, 또 오우야' 간판 글이 흔들린다. 다리도 휘청거린다. 파란 신호등을 건너 버스정류장으로 걸어간다. 마침 빨간 열차가 먹자골목을 요란스럽게 흔들며 지나가고 희미한 눈빛으로 206번 버스를 더듬는다.

다정하였던 사람을 보내며

흐린 하늘에 보름달 같은 해가 솟았다.

바닷물로 갓 씻은 듯 발그스럼한 해가 의료원 건물 앞으로 떠올랐다. 아침이 열리고 사람들의 하루가 시작되는 시간이다.

그 시간에 의료원 지하에는 영원한 세계로 떠나는 한 사람이 누워 있으니 그를 일러 망자라고 한다.

어제 오후의 일이다.

우리 내외가 서울의 원자력병원에 도착했을 때 가족들이 환자를 지키고 있었다. 산소마스크를 쓰고 있는 환자의 의식을 확인하기 위해 큰소리로 "내가 누구야? 날 알겠어요!" 하고 묻자 환자는 겨우 고개를 끄덕여 답해주었다. 그러나 그의 손발은 이미 식어가고 눈동자도 풀렸다. 마지막으로 싱가포르에 있는 딸과의 대화를 핸드폰으로 들으며 편안하게 눈을 감았다.

세상의 고통을 다 내려놓은 듯 한없이 조용하고 평화로운 모습이었다.

망자는 나의 큰처남이었다. 50대 초반에 암 선고를 받고 15여 년 투병생활을 하다가 교육계에서 정년퇴임을 하고 그동안 무섭고 암담한 질곡을 넘나들며 조심스럽게 몸을 지탱해온 것이다. 그러다가 근년에 들어 병이 도지면서 비상이 걸렸다. 서울의 종합병원에서 입 · 퇴원을 거듭하였으나 병세는 점점 악화되었고 마지막으로 원자력병원까지 찾게 되었다.

작년 이맘때의 일이다. 처남의 병에 비단풀이 좋다고 하여 처남 내외와 우리 내외는 영동지역 곳곳을 누비며 비단풀을 찾았다. 수를 놓은 듯 아름답고 젖처럼 하얀 진이 나는 비단풀을 열심히 복용하였으나 효험도 보지 못한 채 눈을 감은 것이다.

우리 내외가 서울 살림을 접고 강릉으로 이사를 왔을 때 의지하고 위로 받을 수 있었던 피붙이였다. 양 가족은 처남이 이끄는 대로 산을 타고 자연을 누비며 건강하고 즐거운 생활을 할 수 있었다.

근교의 산을 두루 오르내렸다.

발왕산, 능경봉, 제왕산, 노인봉, 석병산, 선자령, 안보등산로, 민둥산, 대관령옛길 등을 제집 드나들 듯 하면서 뭉쳐 다녔다.

추운 어느 겨울날이었다. 그날 대관령의 등줄기를 눈보라가 사정없이 후려치고 있었다. 제왕산을 지나 대관령 휴게소로 향하던 일행은 폭설에 가려 눈도 제대로 뜰 수 없었고 바람이

심하게 밀치는 통에 전진도 힘들었다. 몇 발짝 뒤로 밀리다가 다시 걷기를 거듭하면서 가까스로 대관령 옛 휴게소에 도착할 수 있었다.

눈보라가 휘몰아치는 텅 빈 휴게소는 유령의 집처럼 음산했다. 배고픔과 추위를 피하기 위해 창문을 넘어 안으로 들어갈 수 있었다. 다행히도 바람을 막을 수 있었고 처남이 버너에 불을 붙이고 라면을 끓였다. 추위에 떨며 나누어 먹은 라면은 진수성찬에 비할 바가 아니었다. 목구멍을 타고 넘어가는 뜨끈한 라면은 마치 생명줄 같은 음식이었다. 여태껏 먹은 라면 중에서 제일 맛있게 먹었던 것으로 기억에 남아 있다.

봄부터 산을 섭렵하며 참나물, 곰치나물, 두릅, 도토리, 밤 등을 밥상에 올렸다. 야생 꽃이 한창일 때 우리들은 꽃처럼 밝고 행복했었다. 자연의 소리에 귀를 기울이며 자연의 색채를 물들이며 수런거리는 작은 바람소리에도 가슴이 설레었다. 산에서 얻은 기운은 우리에게 건강한 녹색생명을 심어 주었다.

그토록 열심히 산을 누비던 처남이 이태 전부터 갑자기 건강에 중심을 잃고 치료의 한계에 부딪치게 된 것이다. 오랫동안 살얼음판을 건너듯 노심초사하며 다스려오던 병마가 손을 쓸 수도 없게 게릴라처럼 기습하여 그간의 고통과 노고도 헛되고 말았다. 가족이 고대하던 기적의 선을 넘기지 못하고 마른 지푸라기처럼 주저앉은 것이다.

그 동안 삶과 죽음의 경계를 넘나들며 얼마나 많은 밤을 소쩍

새처럼 피울음으로 지새웠을까. 삶도 죽음도 아닌 그의 영혼은 얼마나 외롭고 고통스러웠을까. 끝내는 혼자서 감내해야 할 절망의 늪에서 그의 가슴은 숯덩이처럼 새까맣게 탔을 것이다.

고뇌와 절망, 만신창이가 된 육체를 미련 없이 땅에 버리고 어쩌면 새처럼 가벼운 마음으로 훨훨 하늘나라로 날아올랐으리라. 그리하여 무한한 자유와 평화를 누리리라.

따뜻한 처남이자 산행의 동반자였던 그와의 이별은 많은 사람들에게 슬픔이 되었다. 살아 있는 자들은 안으로 눈물을 삼키며 그와의 추억을 못내 그리워 할 것이다.

나이가 깊어지니 살뜰하였던 가족이며, 친구며, 문우며 이웃들이 하나 둘 떠나고, 세상은 자꾸만 허허롭게 넓어지는 것 같다.

오늘 아침 메꽃처럼 밝은 태양이 생명의 빛으로 동해에서 솟아올랐지만 가엾은 처남은 영영 우리들과의 결별을 선언하고 깊은 잠에 빠져 있는 것이다.

이제 고달팠던 그의 영혼은 영원한 안식의 세계로 들어갈 것이다.

삼가 고인의 명복을 빈다.

쥐를 쫓는 주문

우리는 고전수필에서 문학의 진수를 맛볼 수 있다. 760여 년 전 고려시대의 문장가 이규보 선생의 〈쥐를 쫓는 주문〉이란 수필이 있다. 쥐로부터 당하는 피해와 고통을 해학과 풍자로 꾸민 보석 같은 수필이다.

'…구멍을 뚫고 도둑질하는 것은 오직 너희만이 하는 소행이다. 대게 도둑은 밖에서 들어오는 것이거늘 너희는 어찌 집안에 살면서 도리어 주인의 집에 해를 끼치는가? 구멍을 많이 뚫어 이리저리 들락날락하고, 어둠을 틈타 마구 쏘다녀 밤새도록 시끄럽게 하며, 잠이 들면 더욱 방자하고, 대낮에도 버젓이 다니며, 방에서 부엌으로, 마루에서 방으로 멋대로 다닌다. 부처에게 드린 음식과 신을 섬겨 바친 물품은 너희가 먼저 맛보니, 이는 신령을 능멸하고 부처를 무시하는 짓이로다.

…너희를 막는 것은 고양이다. 내가 고양이를 기르지 않는 것은 성품이 본래 어질어 차마 그렇게 할 수 없어서이다. 만약 나의 진심을 알아주지 않고 날뛰어 해로운 짓을 계속하면 너희를 응징하여 후회하게 할 것이다. 빨리 나의 집을 떠나라….'

3,40년 전쯤만 하더라도 쥐로부터 받는 피해는 이만저만이 아니었다. 나에게도 쥐는 철천지원수나 다름없었다. 밤만 되면 우르르 몰려다니며 찍찍거리고 소란을 피워 잠을 설치게 했다.

궁핍이 앞을 가릴 수 없던 시절, 보리쌀을 애벌로 삶아 공중에 매달아 놓으면 밤이면 곡예사처럼 외줄을 타고 내려와 대나무바구니를 썰어놓았다. 긴 수염에 더러운 발로 보리밥에 검은 자국을 남기고 목숨을 부지해야 하는 우리 식구의 음식물을 도둑질해 먹었다. 불결한 주둥이로 파먹다 남긴 음식물을 보면 구역질이 나고 부아가 머리끝까지 올랐다.

쥐는 주적 제1호였다. 이놈들이 다니는 통로는 더러운 변소나 수챗 구멍, 도랑을 이용하였기 때문에 온갖 병균을 옮기는 매개체 역할까지 하였다. 그로 하여 쥐이나 벼룩까지 옮겨서 가려움 때문에 고통을 겪기도 하였다.

그뿐이 아니다 부엌과 방에 구멍을 뚫어 놓아 바람이라도 부는 날에는 굴뚝으로 빠져야 할 연기가 역류하여 부엌이나 방으로 기어들었다. 밤에는 천장에서 분란을 떨다가 잠든 틈을 이용하여 문이나 문설주를 썰고 방으로 기어 들어와 이불 속까지 파고들어 발까지 물어뜯었으니 그 방자함과 오만불손함이 극에 달했다. 가족이 일어나 집안을 발칵 뒤집어 놓지만 용케도 줄행랑을 치곤하였다.

그뿐인가, 감자를 파먹기도 하고 솥뚜껑을 밀고 들어가 숨겨둔 밥을 훔치기도 하고 쌀독에 몰래 들어가 양식을 축내기도 하였다. 어머니가 소중하게 다루는 장롱까지 파고 들어가 옷을 썰기도 하고 똥오줌을 누고 도망치기도 하였다. 쥐틀을 사용해 보지만 불어나는 그놈들의 수를 줄이는 데는 역부족이었다. 쥐는 저주의 대상이었다.

충북 단양에서 직장생활을 할 때다.

단양지역이 기습적인 홍수를 만나 공장과 인근마을이 모두 수몰되었다. 엄청난 환난이었다. 다행히 수해주택이 배당되어 난생처음 15평 남짓한 단독주택을 지었다. 당시에는 건축자재로 구멍이 뚫린 시멘트블록을 사용했다. 집의 견고함이나 추위를 견디기에는 허술하기 짝이 없었다. 집은 완성되었지만 블록의 속이 비어있어 쥐들이 바깥에서 땅을 파고 블록으로 들어와 천장으로 진출하고 밤이면 블록의 구멍을 타고 아궁이로 기어 나와 부엌까지 점령하였다.

점령군의 횡포는 날이 갈수록 심해졌다. 동네 쥐들이 다 모여서 운동회를 하는지 밤새도록 우르릉 탕탕 하며 몰려 다녔다.

교미기에는 더욱 야단스러워 노동에 시달린 몸도 쉬 잠들지 못하고 신경은 칼끝처럼 날카로워졌다. 이놈들은 집주인의 눈치도 살피지 않고 제나라 제 세상인 것처럼 안하무인격으로 날뛰었다.

이규보 선생은 도둑질하는 쥐들을 나무라며 자제를 당부했고 정 듣지 않을 때는 고양이를 풀어놓아 죽음을 부를 것이라고 엄포를 놓았다. 성품이 어질어 재빨리 고양이를 풀어놓지 못한다며 쥐를 달래기도 하였다.

그러나 복수심에 불타는 나의 안중에는 쥐의 박멸밖에는 달리 생각할 여유가 없었다.

시달리던 끝에 용단을 내려 고양이를 얻어 왔다. 그때에는 나라에서 쥐를 잡기 위해 같은 날 일제히 약을 놓았다. 약을 먹고 널브러진 쥐들을 치우고 밤에는 검은 고양이를 풀어 놓았다.

쥐의 저승사자인 고양이가 밤마다 쥐를 몇 놈씩 처치하여 주어 마음이 다소 가라앉았다. 그러나 오래지 않아 약을 먹은 쥐를 삼키고 고양이가 저승으로 간 것이다. 한 치도 물러설 수 없는 전쟁이라 결전을 다짐하며 저승사자 한 놈을 또 들여놓았다. 이번에는 조심스럽게 고양이를 살폈다. 그런데 문제가 생겼다. 이놈이 쥐 사냥을 하여 뱃속을 채운 뒤에는 주인에게 자기의 성과를 과시하기 위함인지 꼭 찌꺼기를 마룻바닥에 남겨 놓았다. 쥐의 살점이 흉측스럽고 소름이 끼쳤다. 매일 그 일이 반복되어 할 수 없이 이웃에 고양이를 넘기고 말았다.

며칠은 천장이 죽은 듯이 조용하더니 아니나 다를까 동지를 잃은 앙심 때문인지 더욱 기승을 부리며 난장판을 벌였다.

그 후 쥐와의 전쟁은 회사사택으로 입주하면서 끝나긴 했지만, 세상에서 제일 더럽고 천한 동물이 쥐란 놈이다.

17세기 유럽을 휩쓸었던 흑사병은 유럽인구의 4분에 1에 해당하는 2500만 명을 죽음으로 몰아갔는데 병균을 옮긴 주범이 바로 쥐라고 한다.

그간 쥐와의 전쟁에서 인간 승리로 끝나긴 했지만 아직도 농촌이나 서민주택지에는 쥐들이 들락거리고 있다.

천성이 어질었던 이규보 선생처럼 살생하지 않았더라면 지금쯤은 나라가 온통 쥐의 천국으로 변했을 것이고 사람은 쥐의 노예로 전락하였을지도 모를 일이다. 생각만 해도 끔찍한 일이다.

3부

무당거미
우렁 나팔수
겨울 나그네
여우와 신수
월계집 며느리
장애목촌 시련기
쑥덕 모의꾼
젖을 물리는 여인
게릴라 전사의 반격
견공의 지혜

무당거미

어느 여름 날, 우리 집 베란다 난간에는 언제부터인가 거미 한 마리가 세찬 빗방울을 견디며 필사적으로 매달려 있다.

형벌을 감수하는 수형자처럼 거꾸로 매달린 채 가냘픈 거미줄을 움켜잡고 험상궂은 비바람을 인내심 하나로 잘 버텨내고 있다. 그 용기와 참을성이 가상하기만 하다.

장마가 물러나고 불볕더위가 기승을 부리는 날이다. 어느새 파리 한 마리가 체액을 빨린 채 걸려 있고 자신의 허물을 벗은 흉물스러운 껍질도 한쪽으로 치워놓았다.

거미는 다이빙하듯 다리를 쭉 뻗은 채 줄에 매달려 뜨거운 햇살을 온몸으로 견디며 먹이가 걸려들기를 한없이 기다리는 고독한 사냥꾼이다. 곤충이 걸려들지 않아 며칠째 굶주리면서도 긴 원통형의 배에는 살이 오르고 성숙한 암컷의 모습으로 변모해 가고 있었다.

거미는 어부가 그물을 손질하듯 아침저녁으로 거르지 않고 망을 열심히 보수하고 있다. 누에고치에서 실을 뽑듯 꽁무니의 실젖에서 술술 나오는 줄을 한쪽 다리로 잡고 중간 다리로는 줄을 조절하고 또 다른 다리로 줄과 줄을 이어준다. 타고난 조형예술가이다. 햇빛에 반짝이는 여린 금빛 줄이 강철보다 더 강한 성분을 지녔다고 하니 놀랍기만 하다.

지혜로운 거미는 끈끈한 거미줄로 그물을 쳐놓고 자신을 위장하기 위하여 거꾸로 매달려 죽은 시늉을 한다고 하니 음흉하기 짝이 없는 놈이다. 그러나 서양에서는 해로운 곤충의 천적이라 하여 익충으로 대접받고 있다고 한다.

또 허물을 벗었다. 게 다리처럼 긴 8개의 다리에는 여러 개의 금빛 고리 장식이 걸렸고 배는 노랑 바탕에 녹청색 띠무늬가 어지럽다. 아랫부분에는 붉은 판이 여럿 그려져 있어 무당보다 화려하고 우아하다.

또 등판에는 노랑무늬가 문양처럼 새겨져 있어 수를 놓은 듯 아름답다. 고대 이집트의 여왕인들 저토록 화려한 치장을 할 수 있었을까. 곤충들을 유혹하기 위한 뛰어난 변장술이 신비스럽기만 하다.

그러나 나비처럼 날 수도, 메뚜기처럼 뛸 수도, 매미처럼 시원한 노래 한 곡조도 뽑을 수 없는 답답한 놈이다. 자신이 쳐놓은 그물에 스스로 갇혀서 침묵을 벗 삼아 살아가는 외로운 은둔자다. 그러나 날고뛰는 놈들도 종내는 거미줄에 걸려들고 마는 것이니 그 은폐술이 귀신처럼 은밀하다.

모처럼 노린재 한 마리가 걸렸다. 사마귀가 먹이를 낚아채듯 재빠르게 접근하더니 독을 주입하고 거미줄로 칭칭 감아 포박해 버린다. 그리고는 머리와 몸체 사이의 연한 부분에 입을 박고 흡혈귀처럼 체액을 빨아들인다.

그 뒤로도 간간이 먹이가 걸려들어 자루 같은 배는 갑절이나 커지고 다리의 길이도 훨씬 길어져서 마치 성장을 한 여인처럼 중후한 멋까지 풍기게 되었다.

초가을에 접어들자 비리비리한 거미 한 마리가 난데없이 나타났다. 모기처럼 가냘프고 작아서 암놈이 갓 낳은 새끼인 줄 알았다. 생기긴 유약해 보여도 이목구비는 뚜렷하고 무늬도 제대로 갖춘 수놈이었다. 이놈은 안채에 사는 주인과 사랑채에 사는 머슴처럼 일정한 거리를 유지하면서 암놈의 동태에 촉각을 세우고 있었다. 암놈은 여차하면 수놈을 먹어치우는 잔인성을 지니고 있어 경계심을 늦추지 않고 있는 모양이다.

암놈이 벌 한 마리를 나포하여 체액을 빨고 있는 사이 사냥 능력이 없는 수놈은 암놈 주위를 맴돌며 먹이를 구걸하는 눈치였다. 다시 파리 한 마리가 걸려 필사의 탈출을 시도해 보지만 어림도 없다. 암놈이 벌을 버리고 파리를 칭칭 동여맨다. 그 사이 수놈이 슬금슬금 벌에 접근하여 체액을 빤다. 암컷이 돌아오자 수컷은 재빨리 도망하여 암컷과 적당한 거리를 두고 경계한다.

소슬바람이 부는 계절이다.

그동안 암컷은 성숙한 여인처럼 풍만한 몸매로 변신해 가고 있었다.

흰나비 한 마리가 걸려들었다. 암놈이 재빨리 포박하고 먹이에 열중해 있는 사이 수놈이 침착하게 배로 올라가 암컷의 생식기에 밀착하여 짝짓기를 한다. 수놈은 목숨을 담보로 종족번식의 소명을 다하고 있는 것이다.

어느 날, 노린재 세 마리가 한꺼번에 걸려들었다. 암컷은 여유와 호기를 부리며 체액을 빤다. 수놈은 입맛을 다시며 주위에서 차례를 기다려 보지만 모질게도 먹이를 남겨주지 않는다.

10월 중순이 되자 암놈의 배는 임산부처럼 만삭이 되고 움직임이 굼뜨다. 그러나 먹이에 대한 욕심은 여전하여 종일 거꾸로 매달린 채 먹이를 기다리고 있다. 거미는 제 발로 사지에 뛰어드는 놈만 포획할 뿐 절대로 남의영역을 넘보거나 남의 먹이를 탐내는 일이 없으니 올곧은 놈이라고 할 수 있겠다. 그에 비해 인간의 탐욕은 어떠한가.

가을의 서늘한 바람이 거미줄을 마구 흔들고 있다. 저녁 무렵 암놈이 난간 위쪽의 구석으로 오르더니 꾸물꾸물 맴돌고 있다. 평소에 하지 않던 이상한 행동거지구나 싶었다.

다음날 아침, 그 자리에는 타원형의 하얀 고치 하나가 태어났다. 밤새 알을 낳고 고치를 짓느라 암놈은 반쪽이 되어 있었고 기진한 몸으로 보강작업을 계속하고 있었다.

자세히 살펴보니 암컷의 왼쪽 앞다리가 떨어져 나가고 없었다. 산고의 고통을 치르느라 다리마저 잃어버렸던 것이다. 암컷은 긴 다리를 고치에 걸쳐 놓고 주위를 경계하는데 수컷도 고치 부근에서 보초를 서고 있었다.

잠시 후 암컷은 마음이 놓이지 않아서인지 아예 고치 위로 올라가 아기를 품듯 감싼다. 이때 수놈이 자신의 다리를 암놈의 뒷다리에 걸친다. 지극한 모성본능과 내밀한 협력자인 그들은 부부처럼 다정하게 손을 잡고 있었다. 생의 목적을 달성했다는 안도감과 수고에 대한 위로를 주고받는 것 같았다.

암컷의 화려했던 색상도 헌옷처럼 바래지고 수척한 몸으로 며칠 째 고치 주위를 떠나지 않고 있다.

11월 중순, 수놈은 예고도 없이 불어 닥친 차가운 눈발을 견디지 못하고 힘없이 떨어지고 말았다. 암놈은 굶주림과 추위에 떨면서도 모성을 다하여 여전히 고치를 지키고 있다.

살을 에는 추위와 피를 말리는 굶주림은 계속되었다. 암놈은 허기를 달래기 위해 쓰레기장에서 곤충의 껍데기를 뒤적여 빨아보지만 신통치 않아서인지 포기해 버리고 만다. 며칠 뒤, 무당벌레 한 마리가 걸려들었지만 꾸물거리는 사이 달아나 버리고 말았다.

굶주림 때문이었을까. 거미의 앞다리 끝 부분이 모두 떨어져 나가고 없었다. 제살을 제가 잘라먹은 것 같았다. 측은하고 안타까울 뿐 달리 구원의 방법을 찾을 수 없었다.

12월 초순이 지난 어느 날, 거미는 난간 아랫부분에 둥우리처럼 거미줄을 힘겹게 치더니 다리를 엉성하게 걸치고 매달린다. 실바람이라도 불면 곧 떨어질 듯 위태롭다. 그러나 하늘을 우러러 마지막 기도를 올리는 것 같았다. 마치 죽음을 맞이하는 수도자의 의식처럼. 어쩌면 그 모습은 처연하고 숭고하여 어느 사려 깊은 철학자의 임종을 지켜보는 것처럼 숙연해진다.

다음날 아침, 매서운 바람 한 자락이 요동치더니 삽시에 무당거미를 삼켜버렸다. 오로지 하늘의 섭리에 순종하기 위하여, 봄을 기다리는 새 생명을 남겨둔 채, 홀연히 떠난 것이다. 몇 가닥 남은 거미줄이 허공에서 부르르 떨고 있었다.

우렁 나팔수

이른 아침, 경쾌한 나팔소리가 울린다.

하루를 시작하는 행진곡이다. 나팔꽃 한 송이가 목을 곧추 세우고 얼굴이 붉어지도록 힘껏 나팔을 불고 있는 것이다.

이 나팔꽃은, 4월 중순께 화분에다 까만 씨를 심었었다. 며칠이 지나자 자엽이 배시시 얼굴을 내밀었다. 일주일쯤 지나자 아기처럼 일어서서 연녹색 얼굴을 흔들고 있었다. 생명의 신비로움에 가슴이 설랬다.

보름이 지나자 잎은 타원형으로 모양을 갖추기 시작하더니 일주일이 더 지나자 곤충의 더듬이처럼 촉수를 세우고 이리저리 의지할 데를 찾고 있었다.

화분에서 베란다 천장까지 줄을 얽어 가파른 사다리를 만들어 주었더니 왼쪽으로 칭칭 감아 오르며 하루가 다르게 뻗어나갔다. 무릎에 닿던 넝쿨들이 내 키를 훌쩍 뛰어 넘었고 양산을 펼치듯 무수히 잎을 달았다.

여름 초입에 이르자 줄기 곳곳에 다슬기 모양의 봉오리를 달기 시작한다. 고대하던 꽃이 피는가 보다. 내 마음은 나팔꽃보다 더 성급하게 아침을 맞이한다. 원래 나팔꽃은 농가의 울타리나 낮은 동산, 풀숲에서 자라는 정겹고 수수한 꽃이라 더욱 정감이 간다.

며칠 후 혹시나 하고 베란다로 나갔더니 진홍색 나팔꽃 한 송이가 형형하게 피어 있었다. 그날은 눈부신 아침이었다. 활짝 핀 꽃송이는 나팔을 힘차게 불고 있었다. 그러나 안타깝게도 한나절을 넘기지 못하고 힘없이 사그라졌다. 짧은 생애를 마감하는 꽃을 바라보며 헛것을 본 것처럼 서운하고 애잔했다. 그 후로 약속이라도 하듯이 자홍색과 진남색 꽃을 아침마다 화려하게 피워내는 것이다.

잎은 하트모양으로 '사랑'이란 꽃말을 전하기도 하고 유연한 곡선미는 성숙한 여인의 엉덩이를 닮아 시선을 끌기도 한다.

아침마다 나팔꽃은 나팔수가 되어 바깥세상을 향해 음악을 연주하고 있다. 생명의 수호자인 태양신을 향해 혼신의 힘으로 찬양가를 부르는 모습은 처절하리 만치 아름다웠다. 나팔꽃은 예술혼을 태우다 요절한 어느 예술가의 생애처럼 애절한 꽃이다.

나팔꽃은 줄을 서듯 주렁주렁 꽃을 달았다. 마치 여고생들의 고적대가 팡파르를 울리며 행진하는 모습이었다. 꽃은 얇은 한지처럼 손이 닿기만 해도 자지러질듯이 여리지만 실처럼 가는 줄기는 낚싯줄처럼 질기고 강하다. 빳빳한 줄기가 명줄이 되어 칡넝쿨처럼 감아 오르고 잎과 꽃을 피우며 생명을 키우는 것이다. 천장까지 뻗은 줄기의 촉수에까지 생명수를 공급하는 것을 살피며 생존의 치열함을 통해 얻어지는 꽃의 영광을 찬미하지 않을 수 없었다.

치솟은 줄기는 더는 갈 데가 없어 서로 엉키고 늘어지고 하면서 구석구석 꽃을 달았다. 꽃은 짧은 시간을 서러워하듯 정성을 다하여 나팔을 분다. 핏줄이 서고 팽창하여 빨갛다 못하여 창백한 남색으로 변한다. 죽음에 임박한 나팔꽃의 슬픈 곡조는 한 나팔수의 진혼곡을 떠오르게 한다.

마을 앞 산 중턱에는 묘비를 다듬는 석공의 아들이 살고 있었다. 어릴 때에는 형, 형하고 졸졸 따랐다. 이 형은 달빛이 밝은 밤에는 어김없이 묘지 앞에 나타나 달을 향해 나팔을 불었다.

형이 부르는 진혼곡은 가슴을 에이듯 슬픈 가락이어서 나팔 소리가 울려 퍼지면 마을은 물에 잠긴 듯 조용했다. 나팔수의 어머니가 일찍 세상을 떠났기 때문에 어머니의 혼을 위로하고 모정을 애타게 그리는 곡이라고 한다. 그토록 슬픈 나팔 소리가 멎은 것은 6 · 25전쟁 때문이었다. 형은 학도병으로 참전했다가 영영 돌아오지 않았다. 형의 나팔 소리는 세상에서 가장 슬픈 진혼곡으로 나에게 심어졌으며 유사한 곡을 들을 때면 달빛처럼 형이 그리워지는 것이다.

나팔꽃은 여름내 무더위 속에서도 아침을 깨우고 하루를 시작하는 나팔수의 역할을 게으름 없이 해냈다.

씨앗을 얻기 위해 꽃이 시들기 전에 붓으로 꽃가루를 옮기며 정성껏 수정을 시켰다. 후에 알게 된 일이지만 나팔꽃은 자연수정으로 생명을 이어간다는 것이다.

시월에 들어서자 무성한 잎들도 떨어지고 화사하던 꽃들의 잔치도 끝나고 있었다. 거미줄처럼 엉성한 넝쿨에서 가끔 작은 단추만 한 꽃이 숨바꼭질 하듯 얼굴을 내밀었다가 사라졌다. 한 송이의 꽃을 피우기 위해 혼신의 힘으로 제 몫을 다하는 생명의 근원은 경이롭고 신성하다.

11월 말경, 아기 꽃 하나가 영혼의 집에서 울려나오는 희미한 나팔 소리를 끝으로 애처롭게 피었다가 혼절했다. 그러나 슬퍼할 일만은 아니다. 실하게 열린 씨앗 봉지들이 새 생명의 탄생을 예비하고 있기 때문이다.

나팔꽃은 생명의 존귀함과 삶의 역동을 일깨워 준 요정이다. 그러기에 햇살처럼 눈부시고 바람같이 허무하였다.

새해에는 장막 같은 진혼곡을 걷어내고 아침을 깨우는 기상 나팔 소리를 들으며 잠을 훌훌 털고 일어나리라. 나팔꽃과 함께 아침의 영광을 맞이하는 것은 삶의 희망이요 행보이기에 돌아오는 봄에도 다시 나팔꽃을 피워 마음의 울대로 삼아야겠다.

겨울 나그네

무더운 여름날부터 지칠 줄 모르며 청량한 음악을 들려주던 악단 일행이 늦가을에 접어들면서 실내로 옮겨왔다.

밤마다 지척에서 연주하는 이들의 공연으로 혼잡한 마음도 가라앉고 피곤한 몸도 쉴 수 있어 자연의 묘약이 아닌가 하고 즐거움에 젖어 있다.

이들이 언제 어디를 통하여 뜰에서 높은 이층 방으로 이주하였는지 알 길이 없다.

단원은 몇이나 될까. 음률의 가락을 헤아려 보았더니 대충 10여 마리로 추정할 수 있었다.

겨울에 접어들어서도 이들의 맑고 힘찬 음악은 계속되었고 나는 그 연주에 매료되어 밤마다 아름다운 꿈을 꿀 수 있었다.

귀뚤, 귀뚤, 귀뚤. 선율의 고저와 색다른 음색의 파장, 잡음이 없는 하모니는 숲의 향기를 담아서인지 물결처럼 부드러웠다.

그러나 걱정이 하나 생겼다.

열악한 환경에서 그 많은 식구들이 무엇으로 연명할 수 있을는지. 연주회에 쏟는 그들의 열정을 생각할수록 미구에 닥칠 불행을 염려하지 않을 수 없었다.

궁리 끝에 배추 잎과 물을 접시에 담아 장롱 밑으로 넣어주었다. 이튿날 배추 잎을 살펴보았더니 입을 댄 흔적이 보이지 않았다.

겨울바람이 창문을 몹시 흔드는 날, 한 마리의 귀뚜라미가 방안에 나타났다. 곧추 뻗은 더듬이와 튼튼한 다리로 펄쩍펄쩍 뛰었다. 진회색의 당당한 체격을 가진 녀석이라 합주단의 지휘자나 대장같이 보였다. 어쩌는가 보려고 쫓는 시늉을 했더니 놀라서 장롱 밑으로 얼른 숨어 버린다. 척후병으로 나타났던 것일까.

며칠 후, 잠자리가 조용해진 틈을 타서 몇 마리의 귀뚜라미가 방으로 진출하여 여기저기로 쏘다녔다.

무엇을 찾고 있는 것일까. 먹이는 이미 장롱 밑으로 넣어두었는데. 짐짓 모른 체했다. 아침에 눈을 뜨고 보니 귀뚜라미들이 보이지 않았다.

겨울이 깊어지고 나무에 눈꽃이 하얗게 피었다. 요즈음의 음악회는 예상했던 대로 결원이 생겨서 전처럼 활기차고 정열이 넘치는 연주가 아니라 힘이 빠지고 리듬 감각도 많이 떨어졌다.

서넛이 운영하는 음악회는 명맥만 유지하고 있는 셈이다. 이들을 구해줄 대안이 없는 나로서는 안타깝기만 하였다.

어느 날, 한 악사만이 무대 위에 남게 되었다. 그가 켜는 악기의 음률은 날이 갈수록 가날퍼지고 꺼져 가는 불꽃처럼 점점 줄어들고 있었다. 희미한 가락은 섬돌 밑에서 새어나오는 것 같기도 하고 때로는 깊은 동굴 속에서 울려나오는 바람결 같기도 하였다. 끊어질 듯 이어지고 끊어졌는가 하면 다시 살아나서 마치 혼의 소리처럼 들려왔다.

추위에 잔기침을 하던 어느 날 밤 귀뚜라미가 나타났다. 반가웠다. 지금껏 생명을 부지하고 있었다는 게 대견스러웠다. 전에 지휘자로 지목하였던 녀석이 틀림없었다. 체력이 떨어져 겨우 움직이고 있었다. 짙은 회색의 몸빛은 사라지고 기력이 다하여 몸체는 유리처럼 투명해졌다. 손으로 좇아 보았더니 달아날 기운조차 없는지 몇 발짝을 옮기더니 기어이 쓰러지고 말았다.

응급처치를 한답시고 화분의 이끼 위에다 올려놓고 소생하기를 기다렸다. 이튿날 아침에 들여다보니 죽은 듯이 누워 있었다. 퇴근해서 녀석을 찾았더니 보이질 않는다. 그사이 회복한 것일까.

그 날 밤, 장롱 밑에서 귀뚜라미의 연주소리가 어렴풋이 들려왔다. 귀를 기울이지 않으면 들을 수 없을 정도로 가물거렸다. 쇠잔한 그의 연주소리는 처절하리 만치 내 가슴을 파고들었다.

그는 지금 화려했던 지난날의 합주회를 회상하고 있는 것일까. 아니면 앞서 떠난 연인을 그리워하고 있는 것일까. 짧은 생애에 대한 허무와 슬픔을 노래하고 있는 것일까.

3일째 되던 날, 그의 소리는 멈춰버리고 방 안 가득 정적만이 흐른다.

온몸으로 자연을 노래하고 천상의 소리를 연주하던 천부적인 음악가. 영혼을 불사르며 멈추지 않던 예술혼. 마지막 비창곡이 겨울비처럼 가슴에 젖는다.

나도 귀뚜라미의 생애처럼 끝나는 날까지 제 목소리를 내다가 초연히 사라질 수 있을까.

흰 눈이 눈부신 이 아침에, 차디찬 겨울 길을 떠나는 그의 영혼을 슬퍼하고 있는 것이다.

여우와 신수

'여우'란 말은 호감이 가는 말이 아니다.

물론 사람이 만들어 낸 것이지만 동서고금을 통하여 많은 설화나 구전으로 전해 내려오는 얘기들은 '여우'는 교활, 기만, 변덕, 위선, 아첨 등 잔꾀가 많은 요사스런 동물로 비유해 왔다.

예전에는 어머니들이 흔히 딸에게 '여우같은 년'이라고 꾸지람을 주었다. 시킨 일을 잘하지 않거나 잔꾀를 부릴 때 쓰던 말이다.

여우에서 한 술 더 뜨면 '백여우'다. 백여우보다 기능이 뛰어난 것이 '불여우'이고 세상일에 도가 튼 것이 구미호다.

딸들이 여우 년이라고 하면 보통 어머니들의 입버릇이라고 넘어가지만 불여우니, 구미호니 하면 어머니 앞에서도 발끈하게 된다. 꼬리가 아홉 달린 구미호가 여우 중에 제일 고수인데 천년 묵은 여우를 가리킨다.

본래 구미호란 말은 좋은 뜻이었다.

우리나라 신화에는 구이 족에 관한 구절이 있는데 구이 족은 우리 민족을 포함한 동이족 9족을 의미한다고 한다.

여우의 고수를 가리키는 '구미호'는 9부족에 평화가 올 때 찾아오는 '신수'였다고 한다. 구이족의 평화는 중국 측에서 볼 때 걱정이 되는 요소이기도 하였다. 그래서 중국에서는 신수를 불길한 조짐으로 여기게 되었고 우리나라에서는 중국의 문물을 흡수하는 과정에서 '구미호'가 중국식 생각으로 나쁘게 변형되었다고 한다.

여우는 사람과 인접하여 살았던 야생동물로서 개 과에 속한다. 예 부터 사람들과 가까이 살다 보니 부딪치는 일도 많고 여우의 생활방식이 다소 영리하여 온갖 전설과 구담을 만들어낸 동기가 되었다.

여우란 놈은 생김새부터가 독특하다.

몸의 전체 길이는 보통 60~70cm 정도, 네 다리가 짧은 편이다. 두골은 갸름하고 주둥이는 가늘고 끝이 뾰족하다. 귀는 삼각형이고 꼬리는 굵고 길다. 주둥이 부분은 황갈색이고 등에서 옆구리까지는 황토색이다. 눈동자는 밝은 곳에서 보면 실눈이 되어 간사스러워 보인다.

김포지방에서 전하는 설화 한 토막을 소개한다.

조선시대 선조 때의 일이다. '조헌'이 어렸을 때 고개를 넘어

서당에 다녔는데 매일 고개에서 미녀가 나타나 조헌을 유혹하였다. 이를 참지 못한 조헌이 훈장에게 사실을 고백했다. 얘기를 듣고 난 훈장은 그 여인의 입안에 있는 구슬을 빼앗아 삼키면 장성하여 큰 인물이 될 것이라고 일러주었다. 조헌은 훈장의 말대로 구슬을 빼앗아 삼켰더니 미녀는 여우로 변신하여 울며 도망갔다고 한다. 조헌은 후에 큰 인물이 되어 나라를 위해 일했다고 전한다.

이 설화는 여우가 처녀로 위장하고 간교하게 청년을 꾀어 해를 입히려고 했다는 부정적 의미를 담고 있다.

중국의 우화에는 이런 대목이 있다

'승냥이와 여우는 친구였다. 어느 날 그들은 둘이서 닭 한 마리를 얻게 되었다. 여우는 예의 바르게 보이려고 닭을 승냥이에게 넘겨주려 했다. 승냥이는 체면을 잃지 않으려고 닭을 여우에게 양보하려 했다. 한창 서로 양보하며 권하고 있을 때 사자가 나타났다. 기겁을 한 승냥이는 위기를 모면하려고 굽실거리며 아첨했다. "대왕님, 오실 줄 알고 제가 특별히 닭 한 마리를 잡아 놓았습니다." 여우는 승냥이의 말이 끝나자 사자를 향해 미소 지으며 말했다. "저는 일찍부터 대왕님의 식성을 잘 알고 있었습죠. 요놈의 닭은 대왕님 잇새에도 못 될 거예요, 그래서 말씀인데, 저는 닭 말고 특별히 대왕님을 위해 이 승냥이 놈을 데리고 왔습죠." 라고 말했다.'

여우의 간교함은 불여우를 뛰어넘어 천년 묵은 구미호의 계략에 버금가는 술책이었다. 친한 친구였던 승냥이를 강자에게 스스럼없이 바치고 닭을 자기 몫으로 챙기는 간특한 계교를 십분 발휘한 우화이다.

우리나라의 여우는 해방 전까지만 하더라도 전국에 분포되어 있었다. 한때에는 여우목도리가 유행하여 돈푼이나 있는 부인네들의 사치품으로 목에 두르고 다녔다.

1950년대만 해도 우리 동네에는 여우 굴이 있었다. 봉황산 벼락바위 속에 집을 짓고 살았으며 밤이 되면 공동묘지 인근을 배회하며 캥! 캥! 하고 짖었다. 한여름 밤의 요괴스러운 여우의 울음소리는 구미호가 부르는 소리 같아 소름이 끼쳤다.

초등학교 때에는 공동묘지에서 섬찟한 광경도 목격하였는데 갓 묻은 아이의 무덤을 파헤친 적도 있었다. 하루는 공동묘지를 지나는데 기절을 할 뻔했다. 묻혀 있는 시신의 양 무릎과 얼굴에 구멍을 냈다. 여우의 소행이라는 얘기를 듣고 몹쓸 짐승이라는 것이 머리에 각인되었다. 아무튼 여우는 우리 주변에서 서성거리는 친숙한 짐승이었는데 사람들이 그리 달가워하지 않았다.

해방 전 모피 유행으로 엄청난 여우가 남획되었고 서식지도 파괴되었으며 1950년대 말부터 전국적으로 쥐잡기 운동을 전개하면서 독극물을 살포하는 바람에 멸종이 되었다.

이제는 설화에서나 등장하는 동물로 여우의 존재를 까맣게 잊고 있었는데 지난해 3월 어느 날 강원도 양구지역에서 야생

여우가 죽은 채로 발견되었다.

틀림없는 한국여우다. 어렸을 때 보았던 여우와 꼭 닮았다. 죽은 여우의 DNA를 검사하고 한국여우의 복원을 위해 양구지역의 서식지를 조사한다고 하였다.

그 결과를 기다려 볼 수밖에 없지만 이 나라의 중요정책은 사후약방문이 많다. 곰도 그렇고 늑대와 산양도 그랬다. 이제 잊어버렸던 여우의 등장도 사전 보호조치가 전혀 없었다는 것이다.

사실 '여우'란 말은 여자보다 남자에게 해당되는 말이다. 남자는 불여우나 구미호가 되지 않으면 세상살이에 어려움이 많기 때문이다. 물론 부정적 의미를 다소 걷어내고 하는 말이다.

나도 교활한 여우의 습성을 지니고 살았지만 불여우나 구미호처럼 영악하지 못하여 그만치 고달픈 삶을 살았다.

아무쪼록 우리나라의 여우가 복원되어 부정적 의미보다 신수神獸로 등장하여 나라에 길운이 뻗쳤으면 한다.

월계집 며느리

어머니는 읍내에서 부잣집으로 소문난 월계집의 며느리였다.

어머니를 그릇에 비유한다면 물동이라고나 할까. 튼튼한 체구에 둥근 얼굴이라 미인형 하고는 거리가 멀지만 평범한 아낙의 모습이었다. 부잣집 마님으로 호사스런 행차를 하기보다는 동학란 같은 농민혁명이 일어날 때 호미라도 들고 앞장설 것 같은 여장부 기질이었다.

인심이 넉넉하여 가난한 이웃들에게 베풀 줄 알았고 곡식을 꾸러오는 사람들을 빈손으로 돌려보내지 않아 주위로부터 칭송을 받았다.

그러한 어머니가 외아들인 집안에 시집을 와서 딸만 내리 다섯을 낳았다. 아버지는 할아버지의 성화에 못 이겨 대를 잇기 위해 작은부인을 들였는데 나는 작은부인의 몸에서 태어난

맏아들이었다. 어머니는 밉살스럽게도 아들 다섯을 연이어 출산했으니 도합 10남매, 대가족을 이루게 된 것이다. 가족의 비극은 여기서부터 시작되었다.

성품이 대처럼 꼿꼿하고 재물 갈무리에 철저하시던 할아버지가 억척스럽게 농토를 늘려갔다. 하지만 할아버지가 일찍 세상을 떠나시자 재산을 물려받은 아버지는 세상 물정에 캄캄하였다.

재산은 하루가 다르게 축이 났고 몇 년이 지나지 않아 거덜났다. 가산이 기울자 아버지의 호화로운 생활과 권위도 불꽃처럼 사그라지고 가족도 큰집, 작은집으로 두 동강이 났다.

월계집으로 버티던 큰집은 빚에 넘어가고 봉황촌에 있는 엉성한 적산창고로 이사를 했다. 그러한 풍파 속에서도 어머니는 당황하거나 동요하지 않고 아버지를 원망하지도 않았다. 나의 호사도 철들기 전에 끝장이 났다. 아들 타령은 옛말이 되고 남매들은 졸지에 천덕꾸러기가 된 것이다. 나는 큰어머니를 한결같이 '어머니'라고 불렀고 생모보다 더 따랐다. 호칭이 어려울 때는 봉황촌 어머니, 정라진 어머니로 구별하였다.

어머니가 외출을 하거나 친척집을 방문할 때에는 어린 나를 앞장세웠다. 월계집의 장손으로 자랑스럽게 소개를 했고 후일 집안의 영광을 다시 일으켜 세울 후손임을 당당하게 보여 주는 것 같았다. 어쩌면 아들을 앞세우는 것이 어머니에게는 유일한 희망이요 위안이었으리라.

어머니는 가난 때문에 비굴하지 않았고 남의 눈치에 주눅 들지도 않았다. 가난이란 시름이 온 집안을 덮고 있을 때 주저하지 않고 노동을 자처하고 나섰다. 남의 집 농사일도 마다하지 않았고 옷을 수선하기도 하고 채소나 생선을 이고 시장에 나가거나 가가 방문을 하기도 하였다. 어머니가 품삯으로 받은 감자나 보리쌀 자루를 힘겹게 이고 집안으로 들어설 때는 굶주렸던 아이들이 우르르 달려 나갔다.

아버지는 이재에 밝지 못하고 남을 너무 믿는 인심덩어리라 하는 일마다 실패를 거듭하여 가난에 더욱 부채질을 하였다.

가난은 죄악이란 말도 있지만 옛 어른들은 '태어날 때 제 먹을 것은 타고난다'라고 하면서 죄악을 미리 입막음해 놓았던 것이다.

하기야 그 무렵에는 태어나는 생명에 대하여 사전에 조절할 아무런 방도가 없었으니 설마 굶어 죽기야 하겠느냐는 것이 절망에 대한 변명이었다.

정라진 어머니도 아버지에게 손을 내밀 수 없게 되자 자구책으로 닥치는 대로 노동이나 장사를 했다.

추운 겨울이었다. 정라진 어머니는 끼니를 걸르다 못하여 아이들을 아버지가 있는 봉황촌으로 몰았다. 떼거리로 몰려온 사내아이들과 딸들이 젖을 빨겠다고 덤비는 돼지새끼들처럼 한 방에서 우글거리니 어머니인들 뾰족한 수가 없었을 것이다.

어머니는 나를 사내꼬투리라고 앞세우고 리어카에다 빈 물통을 실었다. 리어카를 밀고 건너 동네의 양조장 뒤로 돌아 갔다. 그곳에는 넓은 구덩이가 있었고 뒷간에서 흘러나온 오물처럼 술 찌꺼기가 고여 있었다. 어머니는 흙이 들어가지 않도록 조심스럽게 퍼서 물통에 담았다. 그때 어머니의 눈에서 눈물이 번지는 것을 처음 보았다. 입을 봉한 어머니는 술 찌꺼기를 솥에다 끓여서 아이들에게 퍼주었다. 구토를 하거나 이튿날 얼굴이 부어오르는 아이도 있었다.

가난의 세월은 질리도록 길었다. 어린 자식들이 자활능력이 있을 때까지는 먹이고 입혀야 하니까 양가 어머니의 수고와 고통은 이루 말할 수 없었다.

월계집의 명예도 사람들의 입에서 점점 사라지고 어머니조차 당당하고 의젓하던 품새가 힘없이 수그러들었다.

어느 날 어머니가 고기장사를 나갔다가 지름길인 봉황촌 기차 굴로 들어섰다. 굴 중간쯤에 당도했을 때 갑자기 기적 소리가 울렸다. 당황한 어머니가 무거운 생선함지를 이고 갈팡질팡하다가 자갈길에 꼬꾸라졌다. 기차가 지나간 다음 일어 선 어머니의 얼굴에서는 피가 낭자했다. 얼굴을 돌에 갈았던 것이다. 병원치료도 받지 못한 어머니는 민간요법으로 상처를 치료하였으니 그 후유증이 오래갈 수밖에 없었다.

얼굴은 호랑이무늬처럼 얼룩이 지고 그 상처를 볼 때마다 자식으로 태어난 것이 죄스러웠고 가난이 원수같이 느껴졌다.

월계집의 영광을 되살리려던 어머니, 장자에게 기대를 걸고 세월만을 재촉하시던 어머니의 일생을 돌이켜 보면 목이 메인다.

아버지처럼 이재에 밝지 못한 나는 가솔들의 입을 굶기지는 않았으나 월계집 며느리가 바라던 옛 영광을 실현하지 못하였으니 송구스럽기만 하다. 나이가 지긋해서야 어머님에 대한 그리움과 후회가 더욱 사무치니 자식은 부모 앞에 타고난 죄인인 모양이다.

며칠 후면 어머니의 기일이다.

남매들이 모여 풍성한 음식을 정성스럽게 차리고 평소에 좋아하시던 감주도 젯상에 올릴 것이다. 하나 그날 어머니에게 무슨 말씀으로 위로를 드려야 할지 막막하기만 하다.

장애목촌 시련기

괘방산에는 이상하게 생긴 소나무들이 살고 있다는 소문이 나돌았다. 또 얼마 전에는 산주인이 그 나무들을 몰래 방출하려다 주민들에게 덜미가 잡혔다는 소문도 퍼졌다.

어느 일요일, 안인진에서 등산로를 따라 오르기 시작한다. 산의 중허리를 타고 오르는데 길에는 작은 돌들이 구르고 바닥에는 잔돌이 머리를 내밀고 있어 걷기에 여간 불편하고 조심스러운 게 아니다.

소나무들은 비탈에 겨우 몸을 지탱하면서 서로 부축하며 의지하고 있다. 돌 틈을 비집으며 자라고 있는 나무들은 나이가 꽤 들어 보이는데도 겨우 어른 키를 넘기고 있었다. 몸체와 가지는 마르고 비틀어져 괴상한 형상이다. 척박한 돌무덤에서 생명을 지켜내려는 이들의 필사적인 몸부림이 안쓰러웠다.

숨을 몰아쉬며 산등성이에 올라서자 비취색 바다는 한가롭게 누워있고 하늘은 온통 푸른빛이다. 세 번째 봉우리에 오르자 행글라이더장이 나온다. 높은 곳에서 바람을 이용하여 박차 오르면 한 마리의 새가 되어 허공을 날게 된다. 거침없이 하늘을 날면서 자유를 누리려는 사람들의 욕망이 앵무새처럼 화려한 날개를 편다. 노랑, 파랑, 빨강색의 행글라이더가 바다 위를 유유히 날고 있다. 나도 하늘로 훨훨 날아 보았으면.

그러나 비탈에서 한 발자국도 떼어 놓을 수 없는 붙박이로 겨우 버티고 있는 장애소나무들의 가엾은 모습들이 떠오른다.

산봉우리에 오르니 칼날처럼 날카로운 바위들이 수문장처럼 앞을 가로막는다. 바위에 뿌리를 박고 푸른 기상을 떨치고 있는 소나무들, 마치 기품 있는 사람을 만난 듯 가상하고 우아하다.

산의 정수리에서 서북으로 눈을 돌리면 대관령이 높은 성곽처럼 가로지르고 질펀한 들로 강릉 시가지가 펼쳐진다.

괘일재를 지나 몇 고비 가파른 재를 넘으면 나지막이 숨을 죽이고 있는 당집 갈림길에 도착한다. 사방으로 길이 열려 있고 산은 털옷을 입은 듯 온통 산죽으로 덮여 있다. 장송 몇 그루가 의기양양하게 하늘로 치솟고 있다. 곧고 기세가 좋은 금강송으로 보아 숭례문의 복원 재목으로도 손색이 없다는 생각이다.

팔자 좋은 소나무의 씨앗은 옥토에 떨어져 하늘을 찌르며 유세스럽고 억세게도 재수 없는 씨앗은 돌밭에 떨어져 오금도 제대로 펴지 못하고 겨우 목숨을 지탱하고 있으니 바람의 신기가 행과 불행을 엄격하게 갈라놓은 것이다. 누구를 탓하랴 운명인 것을.

시장기가 찾아와 편편한 곳에 자리를 잡는다. 이름 모를 들꽃이 하늘하늘 웃는다. 머리 위에서는 산새가 은방울 구르듯 맑은 소리로 노래한다. 한참을 노래하더니 푸드득 하고 날아간다. 시장이 반찬이라 산 밥은 꿀맛이다. 식사 후의 커피 한 잔 또한 감칠맛이다.

옹달샘에서 목을 축이고 정동진 방향으로 길을 잡는다. 산을 다정한 눈으로 바라보면 금세 초록빛 얼굴로 다가서고 멀뚱한 눈으로 바라보면 저만치 물러서며 외면을 한다.

산 넘어 산이다. 정상에 올라서면 끝인가 싶어 한숨 돌리는데 또 다른 산이 나타나 손짓한다. 얼마를 걸었을까. 정동진이 가까워지는 느낌이다. 소나무 사이로 꼬불꼬불한 외길이 뱀처럼 꿈틀거린다.

돌산에 어지럽게 헝클어진 장애목 동네를 만난다. 마치 장애인 숙소에 들어선 느낌이다. 어린 소나무가 거북이 등 같은 껍질을 몸에 다닥다닥 붙였다. 젊은 나무 같은데 늙은이처럼 허리가 휘어지고, 길가로 팔을 뻗었다가 여지없이 잘려나간 나무, 성장을 포기하고 몸통만 키운 나무, 구렁이처럼 몸을 뒤틀면서 키를 한껏 낮춘 나무.

그뿐이랴 위로 솟을 수 없어 아예 땅으로 비스듬히 누워버린 나무, 팔을 최대한 움츠려 이웃과의 시비를 미리 차단한 나무, 무릎을 꺾고 한쪽 팔만 성하게 뻗은 놈, 땅땅한 몸뚱이에 짧은 가지 몇 개로 나무의 시늉만 한 놈, 간혹 어떤 놈은 거미줄처럼 마구 얽힌 틈새를 용케도 비집고 나와 하늘로 솟은 행운아도 있다.

그러나 모든 나무들이 짧은 생애를 예감한 듯 솔방울을 훈장처럼 주렁주렁 달고 있는 애처로운 장애목들이다. 숨이 막힐 듯 서로의 팔다리가 엉켜 옴짝달싹 못하고 있는 가련한 장애목들은 하나의 공동체란 숙명에서 벗어나지 못하고 있다. 이들의 치열한 생존의지에 연민 같은 것, 숙연함마저 느끼게 한다.

장애목들도 당집 부근의 큰 소나무처럼 하늘로 솟아오르며 승리의 노래를 맘껏 부르고 싶을 것이다. 된통 재수 없게, 한스럽게 돌밭에 뿌리를 내리게 된 것은 순전히 바람 탓이다.

고달픈 생존 때문에 몸이 뒤틀리고 눕고 무릎이 꺾이고 앉은뱅이가 된 처량한 장애소나무들을 가리켜 사람들은 최고의 분재형 정원수라고 칭찬을 아끼지 않는다.

산 주인이 군침을 삼킬 만하다. 아예 재목이기를 포기하고 잡목으로 버려두었던 소나무들이 어느 날 갑자기 돈줄을 쥘 수 있는 행운목으로 둔갑하였으니 가슴이 벌렁일 수밖에. 그래서 야밤을 이용하여 몰래 도시로 빼돌리려다 들통이 나서 그림의 떡이 되고만 것이다.

괘방산의 북촌과 남촌의 장애목들은 비록 환경이 열악하고 가난하지만 이웃과 서로 몸을 비비며 살갑게 살기를 원할 뿐이다. 홀로 도시의 정원으로 팔려나가 호강을 누리거나 외로움을 감내할 배포는 애초부터 없는 성 싶다. 장애목들은 오직 하늘과 바다와 바람과 더불어 살고 있을 뿐이다. 몸은 비록 병들었으나 맑은 정신으로 살아가고 있는 것이다.

그러나 이들에게는 한 가지 뿌리 깊은 소원이 있다. 바람의 손길이 자신들이 주렁주렁 달고 있는 씨앗들을 멀리멀리 날려 보내어 기름진 땅에 안착하기를 빌고 있는 것이다.

몸은 비록 불구지만 자식들만은 풍요로운 땅에서 살아갈 수 있도록 기원하는 것이다. 그리하여 고통과 절망에서 벗어나 동트는 아침의 땅에서 낙락장송이 되어 주기를 장애촌 주민들은 한 결 같이 소망하고 있는 것이다.

하늘이 맑으면 바다도 푸르고 나무들도 청정한 노래를 부른다. 하늘이 어두우면 바다도 창백해지고 소나무도 검은 빛을 띈다. 하늘이 울면 바다도 따라서 파도를 일으키고 솔밭도 섧게 운다. 하늘과 바다와 솔은 동색이다.

몸에 땀이 흥건하고 다리도 후들거린다.

밤나무가 듬성듬성 서 있는 고갯마루에 오르니 정돈진이 눈 아래다. 네 시간여의 산행이 끝을 맺는다. 그러나 낮은 자세로 얽히고설킨 장애목촌의 연연한 모습들이 쉬 지워지지 않는다.

쑥덕 모의꾼

'숙덕거린다.'를 시골아이들은 '쑥떡거린다.'라고 센 발음을 한다.

쑥떡거림의 주모자가 있었으니 '덕수'였다. 반 아이들보다 나이가 세 살이나 더 먹었고 키도 크고 덩치도 실했다. 아이들에게는 맏형처럼 믿음직스러웠고 놀이에는 늘 앞장을 섰다.

일을 꾸밀 때에는 구석진 곳에서 아이들과 머리를 맞대고 비밀스럽게 쑥떡공론을 벌였고 주모자로서의 기지와 역량을 충분히 발휘했다. 병정놀이를 하거나 운동을 할 때에도 앞에서 주장노릇을 솔선했고 가끔 반 아이들을 대신하여 상급생들과 싸움을 벌이기도 하였다.

따뜻한 봄날이었다. 운동장에서 놀이를 하던 우리 반 아이가 상급생으로부터 주먹세례를 받았다. 이를 본 덕수가 가만히 있을 리 없다. 뿔난 소처럼 머리로 상급생의 얼굴을 들이받았다. 이가 부러지고 코피가 터져 얼굴은 피 범벅이 되었다. 부잣집 아이를 그 꼴로 만들어 놓았으니…. 늙으신 조부모님이 학교와 부잣집을 오가며 머리를 조아릴 수밖에 없었다.

하루는 학교 뒷산에서 쑥떡공론을 했다. 학교에서 가장 예쁜 선생님을 골려주자는 것이다. 그 선생님은 바로 우리 반 담임선생님이시고 웃음과 눈물이 많은 분이었다.

선생님이 드나드는 길목에 구덩이를 파고 나뭇가지를 걸치고 흙을 살짝 덮어 놓았다. 평소처럼 태평하게 걸어오던 선생님은 위장을 해놓은 구덩이에 발이 빠지면서 외마디 소리를 지르며 털썩 주저앉았다. 발이 삐어 절름발이가 된 선생님의 걸음걸이를 덕수가 절룩거리며 흉내를 낼 때마다 아이들은 배꼽을 잡고 웃었다.

이일로 공범들은 복도에 꿇어앉아 팔을 들고 벌을 받았음은 물론이고 주범인 덕수는 혼자서 화장실을 청소하게 되었다.

초여름 날이었다. 논에서는 개구리들의 합창이 한창이고 운동장에서는 아이들의 놀이와 함성이 어우러져 운동장이 떠나갈 듯 소란스럽다. 덕수와 아이들 몇이 쑥떡공론을 벌인다. 개구리 잡기는 아이들이 맡고 빈 도시락에 넣는 것은 덕수가 하기로 하였다.

마지막 공부 시간이었다. 교탁 밑의 도시락에서 토닥거리는 소리가 계속나자 이상히 여긴 선생님이 도시락을 열었다. 순간 개구리가 뛰어 올랐고 선생님은 기겁을 하며 뒤로 물러섰다. 숨을 죽이며 지켜보던 아이들은 키들키들 웃었다.

눈이 무섭게 찢어지며 화가 머리끝까지 오른 선생님은 덕수와 공범자들에게 종아리를 걷게 하고 회초리를 따갑게 날렸다. 빈 도시락은 선생님이 점심을 굶는 아이들을 위해 매일 덤으로 싸오는 도시락이었다.

덕수는 아무리 심한 꾸중을 들어도 매운 회초리를 맞아도 끄덕도 하지 않았고 다음 날이면 언제 무슨 일이 있었냐는 듯 말짱한 얼굴로 여전히 아이들과 어울렸다.

덕수의 성적은 반에서 꼴찌를 겨우 면하는 수준이었고 숙제는 아예 뒷전이었다. 숙제 때문에 교실 뒷자리에서 벌을 서거나 손바닥을 회초리에 내맡기다시피 하였다. 뿐만 아니라 쑥떡공론의 주모자로서 제일 심한 벌을 받으면서도 뒤로 숨거나 변명도 하지 않았으며 언제나 꿋꿋한 모습이었다.

개구리 소동이 잠잠해질 무렵 쑥덕공론은 다시 시작되었다. 개구리 소동을 앙갚음이라도 하려는 듯 이번에는 한 술 더 떠서 뱀 소동을 벌이자는 것이다. 모의에서 덕수의 주장대로 의견을 모았다.

여선생님들이 지나가는 길에 죽은 뱀을 던져 놓자는 것이다. 선생님들이 출근길에 오르자 창자가 터진 얼룩 뱀을 길 복판에 던져 놓았다. 선생님들이 이야기를 나누며 태평하게 출근하다가 길바닥의 흉측스러운 뱀을 보자 외마디 소리를 치며 뒷걸음쳤다.

재미를 붙인 뱀 소동은 장소를 옮겨가며 몇 번이나 이어졌다. 아이들은 담벼락에 박쥐처럼 붙어서 지켜보다가 소스라쳐 놀라는 선생님들을 보고 킬킬거리며 웃었다. 교감선생님의 닥달에 주모자와 반 아이들은 들통이 났고 덕수는 주모자로서의 낙인이 한 번 더 찍혔다. 덕수와 공범들은 반성문을 쓰고 교내의 쓰레기 줍기와 화단정리에 동원되어 땀을 흘렸다.

가을 햇살이 따갑고 하늘이 티 없이 맑게 개인 토요일 오후, 학교의 대청소 검사가 있는 날이다. 교감선생님과 여러 선생님들이 각 교실을 돌면서 환경정리를 점검하여 점수를 매긴다. 반 아이들은 엉덩이를 들고 교실바닥을 열심히 쓸고 닦았으며 유리창에 새처럼 매달려서 얼룩진 창을 거울처럼 닦았다.

교실 출입구는 다른 곳보다 더 열심히 닦았고 양초도 칠했다. 그리고 마른 걸레로 윤이 나도록 문지르고 또 문질러서 얼음판처럼 미끄럽게 만들었다. 물론 그토록 공을 들이는 속셈이 따로 있었다.

대머리 교감선생님과 여러 선생님이 교실마다 점검을 하고 우리 반으로 왔다. 키가 작고 똥똥한 교감선생님이 실내화를 끌면서 교실로 들어서다가 미끄럼을 타고 말았다. 쿠당탕! 하고 엉덩방아를 찧었고 얼굴이 붉어진 선생님은 겨우 일어났다. 뒤따르던 선생님들과 아이들은 입을 막고 키득거렸다. 이 일로 덕수와 공범자들은 일주일 내내 변소청소를 도맡아야 했다.

어느 날, 교내에는 괴상한 소문이 퍼졌다. 덕수가 담배를 피운다는 것이다. 동네 나무꾼들과 어울려 담배를 몰래 피우다가 교감선생님에게 들켰다는 것이다. 그리고 퇴학을 당할 것이라는 소문도 꼬리를 물었다.

덕수의 학교생활은 외나무다리를 건너듯 아슬아슬하였고 선생님들의 눈 밖에 나서 문제아로 찍혀 있었다.

그러던 어느 날, 큰 사건이 터지고 말았다. 여선생님들의 전용화장실은 교사 맨 뒤쪽의 외진 곳에 있었다. 재래식화장실이었고 뒤로는 똥물을 퍼 올릴 수 있도록 큰 구멍이 나 있었다.

여선생님이 화장실에 들어갔을 때, 난데없이 똥통에 돌이 날아들었다. 연거푸 돌이 떨어지며 똥물이 튀어 올랐음은 물론이고 비명도 터졌다. 교무실이 발칵 뒤집혔다. 대머리 교감선생님의 끈질긴 추적 끝에 덕수가 범인으로 걸려들었다. 이 일로 하여 덕수는 학교에서 보이지 않게 되었다.

우리의 대장이었던 덕수는 멀리 시집간 누나네 집으로 갔다는 애기도 돌았고 객지로 떠돈다는 소문도 분분했지만 그 후로 한 번도 고향 땅을 밟지 않았다.

덕수네는 산 밑 외딴 오두막집에서 살았다. 아버지는 고기를 잡으러 바다에 나갔다가 거센 풍랑을 만나 영영 집으로 돌아오지 못한 어부가 되었고 어머니는 어린 덕수를 버리고 가출했다는 것이다. 조부모 밑에서 외롭고 가난하게 자란 덕수의 짓궂은 장난기를 철이 들어서야 어슴푸레 짐작할 수 있게 되었다.

우리들 어린 시절의 초상화를 크레용으로 진하게 그려주었던 큰형, 그는 공범들이 비겁하게 꽁무니를 뺄 때마다 책임을 도맡아지고 해결사 노릇을 해 주었으며 씩씩한 행동 대장이었다.

지금도, 초등학교 시절의 추억은 한 편의 동화가 되어 공범자들의 가슴에 뭉게구름처럼 떠돌고 있는 것이다.

젖을 물리는 여인

참으로 신기한 광경이다.

마치 동물원의 유인원인 성성이 어미가 새끼에게 젖을 물리는 모습을 보는 것처럼 전동차 안의 모든 시선이 한 여인에게로 쏠리고 있다.

햇볕에 그을린 듯한 30대 중반쯤 되어 보이는 건강한 체구의 여인은 머리카락을 뒤로 묶어서 단정해 보였다. 칭얼거리던 아기를 포대기째 앞으로 돌려 안고 태연하게 젖을 물리고 있는 여인의 모습이 그림 속의 모자상처럼 정겹고 평화스럽다.

문득 20여 년 전 어느 화가의「어머니상」연작 초대전이 떠올랐다. 인사동 코리아나 화랑에서 열린 이동표 화백의 그림 전시회였다. 그 그림 속에는 쪽 찐 머리를 한 여인이 광주리를 인 채 저고리를 열어젖히고 고무풍선처럼 통통 불은 젖통을 아기에게 빨리는 모정의상이었다.

그랬다. 내 유년의 어머니들은 가난에 쫓기어 무거운 광주리를 이고 행상을 하면서 들쳐 업은 아기에게 젖을 물릴 시간이 없으면 포대기째 아기를 앞으로 돌려 젖을 물리며 걸음을 재촉하였던 것이다.

들일이나 행상을 하면서 집에 두고 온 아기에게 젖 물릴 시간을 놓치게 되면 젖이 불어 옷 섶을 적시게 되고 땀과 젖이 범벅이 되어 엄마에게서는 쉰내가 물씬거렸다. 그러한 어머니의 품에서 우리들은 자랐다.

그러나 경제와 문화의 급격한 성장과 발전은 모성의 방법마저 변화시켜 젖을 물리는 여인들의 정겨운 모습은 한갓 옛일이 되어 버렸고 유방은 여성들의 미를 가꾸는 상징물로만 남게 된 것이다.

전철 안에서 보란 듯이 젖을 물리고 있는 여인, 엄마의 따뜻한 시선을 마주보며 젖을 빨고 있는 아기의 행복한 모습은 한 폭의 성화처럼 숭고해 보이기까지 하다.

옛, 울 엄마가 새삼 떠오른다.

어머니 세대는 생기는 대로 아기를 낳았으니 뾰족한 피임방법이 없었기 때문이다. 다섯 형제를 연이어 생산한 건강한 어머니는 아기가 또 뱃속에 들어서자 남몰래 아기 지우기를 시도했다.

빈속에다 독한 식초를 쏟아 붓고 부엌에서 방방 뛰기고 하고 언덕에서 구르기도 하며 한약을 달여 마셔 보기도 하였지만 헛수고였다. 또 성황당의 삼신할머니에게도 빌어보고 궁여지책으로 점괘를 받아 푸닥거리도 해 보지만 세상구경을 하려고 엄마 뱃속을 잔뜩 움켜잡고 있는 생명의 끈질긴 저항을 밀어낼 방도가 없었다.

엄마의 눈물과 체념의 한숨 끝에 이르는 말이 '제 먹을 것은 제가 타고 난다.'란 말로 얼버무렸다.

현 여성시대는 문명이기주의가 팽배하고 있다. 체위를 아름답게 꾸미기 위해, 시간을 절약하기 위해, 생활에 매달리기 위해 유방을 굳게 걸어 잠그고 젖 물리기는 아예 손사래다.

동물의 젖을 먹이기 위해 서양젖소를 끌어들여 모유를 대신한 지 오래다. 플라스틱 우유병에 고무젖꼭지를 물려 배를 채워주고 있다. 그러니 사랑을 심어주는 모정의 따뜻한 품과 눈길도 멀어지고 엄마와의 다정한 교감도 모른 채 아기는 자라고 있다.

그러나 양육보다 더 시급한 문제가 불거지고 있다. 유엔인구기금에서 발표한 세계인구현황보고서를 살펴보면 그 심각성이 고스란히 드러나고 있다. 우리나라가 저 출산의 영향으로 인구가 점점 감소해가고 있으며 2050년경에 이르면 현재의 인구 4800만 명보다 훨씬 줄어든다며 경고하고 있다. 그렇게 되면 경제인구가 줄게 되고 사회적 부담이 큰 노령인구만 늘어나게 되는 것이다.

우리나라 가임여성의 출산율이 1.24명으로 세계평균 2.52명, 선진국의 1.65명에도 뒤진다고 하니 나라의 장래가 염려되지 않을 수 없다. 아이를 낳지 않는 이유는 '자신의 미래가 두려워 안 낳는 것'이라고 한다.

아이를 낳아 기르고 교육시키며 결혼시키고 집까지 마련해주어야 하고 자식의 아이까지 키워주어야 하는 양육의 두려움 때문에 아예 결혼을 포기하거나 1자녀만 고집하는 가정이 늘어나고 있다고 한다.

산아제한의 방법이 발달하여 성생활을 자유롭게 즐길 수 있고 양육에 따른 부담을 피할 수도 있어 개인주의의 늪에 푹 빠져 버린 것이다. 개인의 자유와 행복권을 추구한다고 주장한다면 설득하기가 어려울 수밖에 없다. 어쩌면 민주주의란 정체는 개인주의를 절대 옹호하고 있으니까.

그러나 오직 개인의 삶을 풍요롭게 누리기 위하여 당치않은 까닭을 내세워 방패막이로 쓰거나 출산의 고통과 양육의 어려움을 아예 포기한다면 나라의 미래는 어두울 수밖에 없다.

국가에서는 여성의 출산에 따른 여러 가지 대책을 세워주어야 한다. 젊은 여성들이 직업을 선택하더라도 안심하고 키울 수 있도록 생활환경의 개선과 사회보장제도를 마련해 주어야 한다.

또 하늘의 섭리에 따른 자신의 탄생 의미와 생명의 존엄성을 지키도록 교육과정을 열어주어야 하며 나라를 지키기 위한

인구유지와 경제인구의 효율성도 인식시켜 주어야 한다.

경제성장에 따른 올바른 분배를 통하여 생활의 질도 향상시켜 주어야 한다. 개인이기주의의 팽배는 생명의 존귀함마저 무시하게 되고 삶에 대한 의미를 상실하게 되며 사회나 국가전체를 후퇴하게 만드는 요인이 되는 것이다.

국가발전의 기틀이 되는 인구정책을 위해 정부와 지도자는 국민에 대하여 속 깊은 정책과 배려를 아끼지 말아야 한다.

어느새 을지로3가역이다.

사람들이 붐비는 전철 안에서 버젓이 젖을 물리던 갸륵한 여인은 아기를 업고 커다란 가방을 든 채 묵묵히 사람들 사이로 사라진다. 포유동물이 사라진 전철 안은 어디론가 떠밀려가는 군상들만 자리를 지키고 있다.

어머니의 젖 내음이 그립다. 오디 같은 엄마의 젖꼭지를 물고 엄마의 눈을 마주보며 웃음 짓던 아기의 평화롭던 모습은 추억의 명화로만 남게 된 것이다.

울 엄마는 땀 냄새를 풍기며 칭얼대는 자식에게 젖꼭지를 물리면서 가슴의 힘찬 박동으로 아기에게 생명과 사랑을 심어주며 우주를 꿈꾸게 하였다. 울 엄마의 젖줄은 숲속의 샘물처럼 마르지 않는 모정의 샘이었다.

게릴라 전사의 반격

게릴라 전술은 전쟁 시에 사용하는 전법의 하나다. 소수의 병력으로 적진후방으로 침투하거나 매복하였다가 기습을 감행한다. 그리하여 주요시설을 파괴하거나 적진을 교란 또는 전력에 손상을 입히는 기만술이다.

이러한 전법은 사람의 처세술에 활용되기도 하지만 벌레에게서도 발견할 수 있으니 재미있는 일이다.

반세기 전, 사람을 무차별 공격하였던 뛰어난 게릴라 전사가 있었으니 바로 '빈대'다. 유쾌한 추억은 아니지만 지긋지긋 하고 괴로웠던 그들과의 전쟁을 다시 전개해 보려는 사람은 아무도 없을 것이다. 하잘것없는 해충과 맞서서 여름밤을 지새우다시피 하였으니 어릴 때의 여름밤은 지옥이나 다름없었다.

얼마 전 신문에 전설로 사라졌던 빈대 이야기가 새삼 불거져 나와 눈을 번쩍 뜨게 하였다. 그것도 주거환경이 열악하거나 헐벗은 후진국에서 일어난 것이 아니라 남들이 부러워하는 선진국에서 때 아닌 비상이 걸렸으니 눈빛이 곤두설 수밖에. 생명을 살상하는 온갖 현대약품이 범람하고 주거환경의 개선으로 흔적조차 찾을 수 없었던 빈대가 흉측한 게릴라 전사로 부활하여 사람을 공격하고 있다니 그 기백을 가상하다고 해야 할지 아니면 무모하다고 해야 할지 혼란스럽다.

AP통신에 "빈대의 역습이 시작됐다. 1950년대 이후 완전히 사라진 것으로 여겼던 빈대가 미국에서 다시 창궐하고 있다. 빈대는 뉴욕에서 하와이 호놀룰루까지 호텔, 병원, 대학기숙사, 아파트 등을 가리지 않고 번성하고 있다. 빈대의 급증으로 골치를 앓고 있는 호주 시드니의 한 해충전문가는 급증한 해외 여행객들의 짐에 빈대가 묻혀 들어오기 때문일 것이라고 했다."

사람들의 앙갚음에 전멸하였던 빈대가 본래의 습성과 기능을 다시 회복하여 사람들을 보복하기 위해 역습을 감행하고 있는 것이라 하겠다.

'빈대'란 말은 별로 유쾌한 말이 아니다. 능력이 부족하여 남에게 더부살이를 하는 염치없는 사람을 빗대어 부르기도 하고 자신의 이익을 위해 괜한 사람을 괴롭혀 자신의 실속을 챙기는 사람을 가리키기도 한다.

빈대란 놈은 생김새부터가 불쾌하다. 몸은 적갈색이고 5밀리 미만으로 작고 납작하다. 게다가 역겹고 고약한 냄새까지 피우며 1년에 3대에 걸쳐 번식한다. 성충은 아무것도 먹지 않고 2년을 버틴다고 하니 놈들의 생존력은 혀를 내두를 만치 독하고 질긴 것이다.

여름날, 사람들이 곤히 잠든 사이에 침투하여 밤새도록 피를 빨아 터질 듯 배를 채우고 굼뜨게 벽을 타고 도주하는 것을 보면 눈에 핏발이 선다. 간밤에 빈대의 등쌀에 잠을 설치고 피를 도둑맞은 걸 생각하면 화가 치밀어 여지없이 손가락으로 문질러버리지만 분은 풀리지 않는다.

가난하였던 시절, 말라비틀어진 아이들에게 달라붙어 생명 같은 피를 갈취해 갔으니 공공의 적일 수밖에 없었다. 방의 벽에는 신석기시대의 붉은 빗살무늬가 어지럽게 그려져 있어 빈대와의 전쟁이 얼마나 치열하였던가를 여실히 보여주는 것이다.

어릴 때의 일이다.

여름밤이면 거의 잠을 설쳤다. 후덥지근한 더위 때문이기도 하지만 주원인은 빈대의 극성 때문이었다. 매일, 전개되는 게릴라식 습격에 고통을 겪어야 했다. 어느 날 밤에 유독 목 부위가 따끔거렸다. 빈대의 공격이 시작된 것이다. 잠결에 일어나서 불을 밝혀 보았지만 아무것도 보이지 않았다. 그렇게 당하기를 여러 날, 하루는 성냥을 옆에 두고 자다가 빈대의 공격이 시작될 무렵 재빠르게 성냥을 그었다. 놀란 빈대 한 마리가 재바르게 베갯잇 속으로 꽁무니를 빼는 것이 목격되었다. 아침에, 베갯잇을 벗기고 살펴보았더니 주름이 잡힌 곳곳에 진드기처럼 숨어 있었다. 물론 일망타진하였지만 집안의 여러 곳에 잠복해 있는 놈들의 씨를 말리기에는 역부족이었다.

한 해 여름방학 때에 산골마을 할머니댁으로 갔다. 낮에는 들로, 산으로 막내 삼촌을 따라 다니며 멱도 감고 뛰놀았지만 밤이면 빈대의 침공에 잠을 설쳤다. 목과 등, 팔다리를 무차별 공격하는 놈들을 막을 방법이 없었다. 견디다 못해 일어나 불을 켜보지만 그들의 흔적을 찾을 수 없었다.

게릴라식으로 치고 빠지는 신출귀몰한 전술에 두 손을 들 수밖에 없었다. 집에서 당하는 놈들의 공격은 약과였다. 할머니 댁의 빈대는 더 사납고 공격적이어서 견디기 어려웠다. 비수같이 날카로운 입으로 바늘처럼 예리하게 꽂아서 경기를 일으킬 지경이었다. 알고 보았더니 빈대의 은신처는 대자리였다. 엉성하게 짜인 대자리 밑에서 매복해 있다가 밤이면 살금살금 기어 나와 기습공격을 감행하는 것이다. 그러다가 사람의 기척이 있으면 쏜살같이 대자리 밑으로 숨어버리는 것이다.

'이'는 사람의 몸에 기생하기 때문에 그 실체를 쉽게 찾아내어 소탕할 수 있지만 빈대는 지형지물을 이용하여 공격하고 후퇴하는 게릴라식 전술을 익힌 전사들이라 이들을 색출하고 일망타진하는 데는 어려움이 따르는 것이다.

드디어 DDT가 배급되었다. 빈대에 대한 혐오감으로 이를 갈던 사람들에게는 여름날 소낙비처럼 반가운 소식이었다. 어느 날, 잠자리 밖으로 빙 둘러 디디티를 쳤다. 아무리 침투에 능한 게릴라들이라 할지라도 죽음의 독약을 헤치고 사람을 공격할 수는 없으리라. 그 계산은 적중하여 호사스러운 밤을 보내게 되었다. 빈대로부터 해방되었다는 쾌재를 부르고 있을 무렵 예상치 못했던 사건이 터졌다.

빈대의 공격이 다시 시작된 것이다. 이해가 가지 않았다. 아무리 지능적인 게릴라들이지만 디디티란 죽음의 장벽을 뚫을 재주는 없을 텐데. 기이한 일이었다. 의문은 좀체로 풀리지 않았고 빈대의 공격은 계속되었다.

하루는 작정을 하고 기다렸다. 이들의 침투로를 확인하기 위해 성냥과 양초를 옆에 두었다. 빈대의 낌새가 보이자 재빨리 촛불을 켰다. 놀랍게도 빈대가 공중에서 떨어지고 있는 것이다. 디디티 때문에 접근이 어려워지자 놈들은 모의 끝에 벽을 타고 천장으로 올라가 낙하 공격을 감행하는 것이다. 자살행위나 다름없는 고공다이빙으로 필사적인 침투를 감행하였으니 이들의 지략과 감투정신에 박수를 보내지 않을 수 없었다.

쌀알만 한 미물이 수천 길이 넘는 천장에서 방으로 떨어지는 지옥 같은 투신행위를 상상해보라. 미세한 다리 하나 다치지 않고 안착할 수 있다는 것은 고도의 기술과 감투정신이 아니면 이루어 낼 수 없는 일이다. 어쩌면 생존을 위해 최선을 다하는 놈들의 모습이 눈물겹기까지 하다.

아득한 추억으로만 접어 두었던 빈대가 현대문명의 복병이 되어 다시 미국 땅에 상륙하였다고 하니 은근히 걱정이 앞선다. 유독, 여행을 좋아하는 우리나라 사람들이 제집 드나들 듯 외국나들이를 하고 있는 때에 행여 그들의 짐 속에 빈대가 숨어들지 않을까. 그들의 기발한 게릴라 전술을 막을 방법이 없기 때문이다. 놈들이 향수에 젖어 그리운 고향으로 다시 개선하는 날을 생각하면 온몸이 지레 근질거린다.

비록 공공의적이긴 하지만, 게릴라 전사들의 고도의 생존전략을 높이 사지 않을 수 없다. 그러나 지난 날, 여름밤의 지겨웠던 고통을 다시는 겪고 싶지 않다. 뿐만 아니라 흉측한 그들의 핏빛 빗살무늬를 벽에다 다시는 그리고 싶지 않으니 이 땅에는 아예 얼씬도 하지 말 것을 차제에 엄중히 경고해 두는 바이다.

견공의 지혜

이슬람 땅에서 살고 있는 개들은 떠돌이 신세다. 사막이 거처요 하늘이 지붕이다. 그들이 사랑을 받지 못하는 이유는 이러하다.

일찍이 예언자 무함마드가 개를 맹수로 분류한 탓이다. 그들의 조상이 늑대이기 때문이다. 이슬람 땅에서 살고 있는 개들은 야생에서 방랑 생활을 하며 한없이 자유를 누리고 있다. 간섭도 받지 않고 구속도 없다. 자고 먹고 배설하는 모든 행위가 자유의사에 따른다. 발목에는 사슬이 걸리지 않고 가두어 두는 우리도 없다.

이슬람 세계에서 개는 괄시의 대상이지만 서양에서는 애완동물이요 우리나라에서는 보신용으로 대접 받고 있다.

서양에서는 사랑받는 동물로 사람과 같이 동거한다. 병들면 동물병원에서 치료를 받고 죽으면 장례까지 치러 준다. 자유와 구속이라는 것도 모르고 사람의 절대적 사랑을 받으며 행복하게 살고 있다.

한국에서 보신용으로 길러지고 있는 도사견은 원래 싸움을 잘하고 성질이 포악하여 투견용으로 기르던 개다. 이러한 개를 사형수로 낙인찍어 작은 감옥에 가두고 바깥 세상을 차단한 채 주인이 주는 먹이만 받아먹고 살만 찌우는 것이다. 사람의 먹이로 전락한 도사견은 모든 자유를 결박당한 채 죄수 생활을 하고 있는 것이다. 이들이 가끔 우리를 뛰쳐나와 사람을 물어뜯어 포악한 개로 비난을 받지만 그것은 억압에 대한 분노요 저항이다.

근년에는 인형같이 작고 예쁜 개들이 한반도로 밀려들었다. 서양에서 사랑받는 것처럼 한국에서도 가족의 극진한 대우를 받고 있다. 외출할 때에는 사람의 가슴에 안겨 다니고 잘 때에는 여인의 젖내를 맡으며 잠이 든다. 그러나 이들은 거리에 버려지면 환경에 적응하지 못하고 폐렴에 걸려 죽게 된다.

아기의 똥을 핥던 순진한 '워리'의 시대도 끝나고 외래종이 무차별 상륙하여 잡종시대로 전락했다. 족보를 가려낼 수 없는 정체불명의 집단이 된 것이니 세계화가 가장 빠르게 이루어진 동물이다.

고려의 문장가 이규보 선생은 개를 일러 민첩하고 총명하며 영특하고 지혜롭다고 하였다. 또 주인을 따르는 정성이 사랑스럽고 문을 지키는 책임이 변함없다고 칭찬하였다.

이슬람 세계에 버려진 견공이나 우리에 갇혀 먹이로 전락한 도사견이나 집에서 귀빈 대접을 받고 있는 애완용들도 모두 사람이 길들이고 차별한 결과물이다. 사람의 세계도 이와 흡사하다. 무한한 자유와 절대 구속과 맹목적 보호를 잘 융화시켜 살기 좋은 세상을 만들 수는 없을까.

플라톤의 논법에 의하면 '사람은 동물이다. 그런데 사람이 동물이고 개가 동물이라면 사람은 동물인 고로 개다.'라고 했다. 음미해 볼 만한 대목이다.

밤잠을 설치며 도둑을 지키고 총명하고 지혜로워 사람을 위기에서 구하는 의로운 개에 비하면 나는 과연 견공보다 나은 점이 있을까.

지난해를 돌아본다. 잡견처럼 분별없이 짖어대거나 괜스레 남을 헐뜯거나 해치지 않았는지 조심스러운 마음이다.

새해에는 칭송받는 견공처럼 지혜롭고 너그럽게 살았으면 한다.

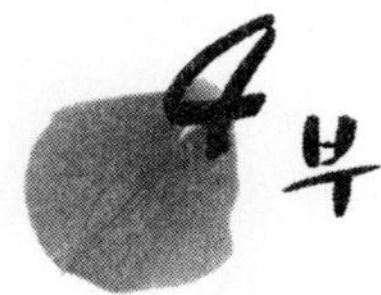

4부

주목과 나눈 이야기

겨울 설산이 좋다. 그중에서도 태백산이 더 좋다. 희디흰 실크로 온몸을 감고 있는 눈부신 산들을 바라보면 꿈을 꾸는 듯 황홀하다.

유일휴게소에서 가족과 함께 푹푹 빠지는 눈길을 천천히 오른다. 겨울새들의 가냘픈 노랫소리가 악기의 선율처럼 귓전을 스친다.

높은 나무에서 잡자기 우르르 쏟아지는 눈사태에 놀라기도 하며 눈 세상에 흠뻑 취해 걷노라면 어느새 내 몸에도 눈빛이 들어와 마음을 하얗게 비운다.

제일 처음 만난 주목은 훤출한 미남형이다. 기골이 장대하고 곧게 치솟은 몸체에 가지마다 눈꽃을 무더기로 피우고 있어 우러러 보이기까지 하다. 피부 결도 곱고 잎새도 촘촘하게 달고 있어 건강하고 활기차다. 마치 군사들을 이끌고 전투대열의 선두에 서서 호령하는 장군의 기상이랄까.

발길을 옮길 때마다 사각사각 소리를 낸다. 앞서간 사람들의 발자국을 따라 걷고 있다. 한참을 오르다가 또 주목을 만난다. 600여 년의 나이를 두르고 있는 고목이다. 한 몸에서 둘로 갈라져 오랜 세월을 버티다가 몸통과 가지는 미라가 되어 형체만 남았고 허리에서 외가닥으로 뻗은 가지에만 잎새를 달고 있었다. 마치 가족을 지키기 위해 일생을 소진한 끝에 목석같이 뼈만 앙상하게 남은 아버지의 모습이다.

주목은 산신령이다.

신령이 아니고서야 어찌 살아서 천년, 죽어서 천년이랄 수 있을까. 높고 험한 산속에 굳이 뿌리를 내리는 것은 필시 생명에 대한 철칙과 숨은 사유가 있을 것이다. 칼날이 튕길 만큼 돌같이 굳은 육질 속에서 어떤 경로를 통하여 생명수를 자아올려 가지 끝에 잎을 달게 하는 것인지 끈질긴 생명력이 신비롭기만 하다.

눈을 입에 넣어 얼음과자처럼 씹어보기도 하고 아이들처럼 눈을 뭉쳐 서로 던져보기도 하면서 쉬엄쉬엄 오른다.

오랜 세월을 견딘 주목 앞에서 다시 발을 멈춘다. 나무의 몸체는 두 갈래로 갈라져 사람이 들락거릴 수 있을 정도로 구멍이 크게 뚫렸고 오른쪽으로 비스듬히 뻗은 가지에다 새록새록 잎을 달고 있어 생명의 유구함에 절로 마음을 여미게 한다. 한 몸이 이산가족처럼 찢겨진 아픔이 얼마나 깊었을까. 그 상처를 치유하며 오랜 세월을 버티고 있는 끈질긴 생명력에 그저

감탄과 고개가 숙여질 뿐이다.

태어날 때부터 불로초를 먹은 것일까. 아니면 하늘로부터 불사조란 명줄을 축복으로 받은 것일까. 괜히 주눅이 들고 옛 조상들을 만난 듯 숙연해진다.

주목은 왜소한 나를 내려다보며 일갈한다. '인생아, 어찌 너희는 백년을 못 다 살면서 그리도 파란과 근심이 많으냐. 천년인들 길겠느냐. 세월은 속절없는 것이다. 지나는 바람결이요, 뜬구름처럼 허무할 뿐이다. 마음을 잘 다스려 지나친 욕심은 미련 없이 버리고 나처럼 홀가분하게 살아라. 너희는 조금만 더워도 덥다고, 조금만 추워도 춥다고 불평하지 않느냐. 침묵의 아버지인 바위산도 눈물을 흘리거늘, 식물체인 난들 어찌 뿌리 깊은 아픔과 눈물이 없었을까. 남몰래 흘리던 눈물은 동이동이 넘쳤을 것이다.

나는 덥거나 춥거나 폭풍우가 몰아치고 생살이 찢기어도 하늘의 뜻으로 받아들이고 오직 감사한 마음으로 살 뿐이다. 욕망이란 그릇을 가득 채우려 하지 말고 결과에 만족하며 감사한 마음으로 살아라. 그리하면 너희에게도 천년 세월이 눈앞에 다가설 것이다.'

발걸음을 다시 옮긴다. 주위는 온통 눈과 침묵과 눈부신 세상뿐이다. 속으로 반문해 본다. '어디 세상살이가 말처럼 쉬운가. 어머니의 자궁에서 떨어져 세상에 나오는 순간 세상살이의 두려움 때문에 울음부터 먼저 터뜨리는 것이 사람의 본성이 아니겠는가. 나 같은 소인배는 작은 비바람에도 흔들리고 천둥번개에도 지레 놀라서 몸을 숨기고 날카로운 소리에 자라목처럼 움츠리는 비겁쟁이니 어찌 주목과 같은 높을 뜻을 세울 수 있을까.' 살아온 세월이 후회스럽고 허망할 뿐이다.

주목은 사람에게 가르침을 남겨주고 또 유익함까지 베풀고 있으니 신목이라고 할 수 있겠다. 주목의 잎은 신장병과 위장병치료에도 도움을 주고 열매는 항암효과도 있는 것으로 알려져 있다. 또 결이 고르고 광택이 좋아 장식과 용구제 등으로 쓰이고 있어 주목의 진가를 더욱 높여 주고 있다.

천제단에 올랐다가 내려오는 길에 아쉬움이 남아 긴 수염을 달고 용트림을 하고 있는 주목과 마주한다. 보료처럼 푹신한 눈밭에 앉으니 아늑하고 편안해진다. 백발이 성성한 조상을 만난 듯 마음을 기대어 본다.

주목 할아버지가 나에게 일러준다.

'너는 지금 내리막길을 홀가분하게 걷고 있다. 지나온 길보다 남은 길이 더 없이 짧다. 이제 너의 길을 마무리할 때가 가까워졌다. 두드리면 울림이 돌아오는 빈항아리처럼 마음을 비워라. 그리고 남은 시간을 금쪽같이 아껴라.'

가족과 함께 일어선다. 눈 덮인 산들의 능선이 다정하게 다가온다.

눈부신 겨울 산, 말없는 설산이 좋다. 그곳에는 산신령 같은 주목이 살고 있기에 더욱 오르고 싶은 것이다.

눈길 밟으며 떠나신 어머니

함박눈이 펑펑 쏟아진다. 세상은 금세 하얀 눈으로 덮이고 겨울밤은 깊어만 간다.

자정이 넘자 조문객들의 발길도 끊어지고 빈소의 촛불마저 졸고 있다.

추운 겨울날 사랑하는 분을 떠나보내며 영정 앞에서 묵상에 잠긴다.

형제들을 낳으시고 기르시며 사랑의 눈물이 마르실 날이 없었던 어머니. '당신은 사랑의 꽃을 피운 화신이요 희생자이십니다.' 밤의 적막이 추억을 반추하듯 마음에 새겨진 일기장을 넘긴다.

초등학생 시절, 동무 집에서 공부를 하다가 밤늦게 돌아올

무렵 멀리서 들려오는 다듬잇방망이 소리, 똑딱! 똑딱! 경쾌하게 장단 맞추며 울려 퍼지는 어머니의 방망이소리를 들으면 가슴이 뛰었고 걸음이 빨라졌다.

어머니는 기생 누나들의 한복을 제때에 지어 주기 위해 밤늦게까지 다듬이질을 하시고 바느질로 밤을 새우기가 예사였다. 어린 마음에는 어머니의 바느질하시는 다소곳한 모습이 정겹기만 하였고 삯을 받으면 양식을 구할 수 있어 기분이 좋았다.

어머니의 심부름으로 곱게 싼 한복 보자기를 들고 요정으로 들어설 때 허연 허벅지를 내놓고 담배를 피우는 누나들과 마주치면 금세 얼굴이 붉어지고 민망하여 얼른 한복을 밀어 넣고 허둥지둥 나오기도 하였다.

어느 여름 날, 장대비가 쏟아졌다. 학교가 파할 무렵 반 아이들은 엄마랑 누나들이 와서 우산을 받쳐 들고 모두 떠나고 나만 당그라니 남게 되었다. 이제나 저제나 하고 비가 그치기를 기다렸으나 하늘은 야속하게도 세찬 비를 계속 퍼붓고 있었다.

어둠이 운동장으로 기어들 무렵, 마음을 다잡으며 책보를 어깨에 단단히 졸라매고 뛰기 시작하였다. 그때 난데없이 "상걸아!" 하고 엄마의 부르는 소리가 귓전을 때렸다. 엄마의 품으로 뛰어들었다. 설마 엄마가 우산을 들고 찾아오리라고는 꿈에도 생각지 않았기 때문에 눈물이 핑그르르 돌았다. 그때의 반가움과 고마움이 도화지 위에 그린 엄마의 얼굴처럼 선명하게 떠오른다.

학교에서 동무들과 장난을 치다가 다리를 다쳐 며칠 등교하지 못 하였다. 몸살이 날 지경이라 엄마를 졸랐다. 내일은 꼭 학교에 보내달라고. 바느질을 멈추고 걸을 수 없는 나를 업고 학교로 향했다. 그때 엄마의 등이 그토록 편안하고 따뜻한지를 처음 느껴보았다. 학교가 더 멀리 있었으면 하고, 엄마의 등에서 잠들고 싶었다. 힘들어 하시는 엄마의 생각은 않고 마냥 행복하기만 하였다.

여름 날 밤, 엄마는 잠을 설쳤다.

열대야에 시달리며 잠을 이루지 못하는 아이들을 위해 밤늦게까지 모기를 쫓으며 부채질을 하시던 어머니. 당신의 고달픈 몸은 사리지 않고 꼬박꼬박 졸면서도 부채를 놓으시지 않던 어머니.

자신의 살갗을 벗겨서라도 아이들을 입히고 목구멍에 넘어가는 밥알을 토해내어 입에 넣어주고 싶었던, 자신이 몸져누워서 아이들 대신 앓고 싶었던 어머니의 가없는 사랑.

고교시절 여름방학이 끝나 서울로 향하던 영동선 기차에서 만난 어머니. 도계역에서 무거운 함석대야를 내려놓고 속주머니에서 돈을 털어 내 손에 꼭 쥐어주면서 밥 굶지 말라고 이르시며 종종걸음 치시던 어머니의 힘겨운 뒷모습.

어판장에서 생선을 넘겨받아 기차를 타고 광산촌까지 이동하여 가가 방문하여 생선을 팔던 고달픈 엄마의 삶. 아마도 그때 어머니의 기도는 자식들이 빨리 쑥쑥 자라서 제구실을 하면서 살아주기를 간절히 고대했을 것이다.

맏이라 하여 항상 나를 닭 벼슬처럼 추켜세우고 목소리를 낮추시며 내 의사를 존중해 주시던. 은연중에 배려하고 감싸 주시던 어머니. 생전에 일주일 정도만 우리 집에 머무시고 평생을 발걸음 하지 않으신 분.

자식들이 나름대로 자리를 잡자 동생들 집으로 옮겨 다니며 손자들을 돌보시고 살림살이를 채근하시던 어머니. 한 번도 지난날의 고달팠던 얘기를 들추어내지 않던 분. 돌아가시기 전 몇 년을 막내 집에서만 계시다가 먼 길을 떠나신 어머니.

오늘 밤은 실컷 울고 싶다. 어머니의 깊은 속내를 헤아리지 못하고 제대로 모시지도 못하고 어머니의 마음을 근심만 채워 드렸던 껍데기뿐인 자식. 그 두꺼운 껍질을 산산조각 내고 싶은 밤이다.

'어머니'란 말처럼 숭고하고 생명이 넘치는 감격스러운 말이 어디에 또 있을까. '사랑'이란 말도 자신의 혼과 피를 태워 사랑의 탑을 쌓으신 어머니의 육신에서 태어난 것이다.

먼 길 떠나시는 어머니로 하여 회한의 파편들이 가슴을 후빈다.

꿀꿀이 바구미

가을 어느 날, 산행을 하다가 뜻밖에도 밤나무동네를 만나게 되어 설레는 마음으로 밤을 줍기 시작한다.

새끼고슴도치처럼 바늘 침이 총총한 밤송이를 등산화로 밟는다. 막대기로 벌어진 틈을 무자비하게 누르면 밤알이 고통을 견디다 못하여 뛰쳐나온다. 오순도순 삼형제가 살던 집에서 느닷없이 쫓겨난 것이다. 중간에 끼었던 놈은 양쪽 형제의 힘에 밀려 벽돌처럼 납작한 체형이 된다.

밤송이에서 갓 나온 알밤은 기름주머니에서 튀어나온 것처럼 윤기가 흐르고 금방 굴러갈 듯 토실토실하다. 밤 떨어지는 소리가 들린다. 소리만 들리고 흔적은 없다. 큰 빗방울이 나뭇잎에 떨어지듯 후두둑하고 가벼운 소리를 내며 떨어지는 알밤은 비탈을 타고 데굴데굴 잘도 구른다.

밤송이째 떨어져서 문틈으로 바깥세상을 엿보는 놈, 몸을 버젓이 드러내놓고 버티는 놈, 풀숲으로 뛰어 들어가 숨을 죽이고 있는 놈, 도랑에 처박혀 정신을 잃고 있는 놈들을 이잡듯 뒤져서 알뜰히 주워 모은다. 처음에는 욕심이 나서 도토리만 한 밤도 모조리 줍는다. 큰놈은 엄지손가락 마디보다 굵고 실하다. 중치는 중지의 마디쯤 크기랄까.

먹고 살판난 것처럼 무거운 배낭을 등에 진 채 비탈을 오르내리고 구렁텅이도 살피게 되고 풀숲도 헤집으면서 밤알 하나라도 더 줍기 위해 눈에 불을 켠다. 벌레가 파먹다 버린 것도 알이 실하면 아까워서 줍는다. 밤 줍기는 중노동이다. 오금이 저리고 허리에 통증이 온다. 그래도 줍는 재미에 시간과 고됨을 깡그리 잊는다. 아무튼 욕심껏 줍다 보니 한 말은 되는 것 같아 부자가 된 기분이었다.

그러나 밤은 욕심과 재미로 줍지만 밤 까기는 더 고되고 성가신 작업이다. 밤 가위로 타일처럼 견고하고 반질반질한 껍질을 벗겨내야 한다. 어떤 놈은 칼날 같은 가위를 들이대면 질겁을 하고 튕겨져 나간다. 겉껍질을 벗겨내면 속껍질은 노인네의 검버섯처럼 거무죽죽하고 거칠다. 다시 칼로 속껍질을 깎아내면 아기 궁둥이처럼 뽀얗고 토실한 알몸이 된다. 생밤을 씹으면 달콤하고 구수하다.

밤을 까다 보면 가끔 징그러운 벌레를 만나게 된다. 벌레 먹은 밤의 육질을 깎아내면 그 속에서 유충이 꼬물거린다.

우윳빛 애벌레는 마치 유아의 팔뚝처럼 살이 올라 토실토실하다. 주둥이는 밤색인데 날카로운 입을 가지고 있으며 밤 속에서 유충시절을 보내게 된다. 월동을 하기 위해 땅속으로 들어가기 전까지 영양을 섭취하며 요람의 시기를 보내는 것이다.

애벌레의 모체인 꿀꿀이바구미는 도둑처럼 밤나무에 접근하여 날카로운 긴 이빨로 밤의 겉껍질에 구멍을 뚫고 알을 산란한다. 알은 부화하여 밤의 과육에 터널을 파고 주인처럼 들어 앉아 콧노래를 부르며 안식을 누리게 된다. 애벌레의 크기는 12밀리 정도다. 만지면 몰랑몰랑하고 보드랍다. 징그럽지만 기름에 볶아서 먹으면 훌륭한 보양식이 될 것만 같다.

성충은 쌀 바구미와 비슷하게 생겼다. 밤 바구미는 딱정벌레목 바구미과에 속한다. 20여일 정도의 짧은 생애를 보내기 위해 교미와 산란과 애벌레의 과정을 거치고 땅속에서 동면하다가 이듬해 성충이 되는 것이다.

사람도 지구를 파먹고 사는 벌레라고 가정해 볼 때, 나의 소속을 굳이 분류해 본다면 인간목 동양과에 속하는 한국인이라고 할 수 있겠다.

애벌레 한 마리가 밤에서 떨어진다. 잠시 몸을 움츠렸다가 기기 시작한다. 온몸을 움츠렸다가 펴면서 마치 아기의 배밀이처럼 앞으로 전진한다. 굼뜨게 기어가는 모습을 보면 웃음이 절로 난다. 애벌레를 다시 옛집으로 돌려보내기 위해 병에다 밤과 벌레를 같이 넣어 주었다.

유충은 자신이 기숙하였던 밤 속으로 다시 들어가려는 것이 아니라 밖으로만 돌아다닌다. 길을 잃고 헤매는 꼴이라 저러다 죽으면 어쩌나 싶었다. 비록 밤의 해충이지만 하나의 생명체임이 분명하다. 이들은 남의 밥그릇을 탐내지 않고 하늘이 정해준 생태대로 정직하게 순환하고 있을 뿐이다. 유아가 어미의 젖을 빨고 있는 생명체라면 밤의 애벌레도 생존의 의미를 부여받고 있는 셈이다.

애벌레가 땅에서 동면한다는 것을 알게 되자 병에 가두었던 유충을 풀어 주기로 했다. 앞산으로 가서 땅에다 해방시켜 주었다. 애벌레가 땅의 냄새를 맡더니 땅을 파기 시작한다. 굴착기를 앞세운 것처럼 주둥이로 신명나게 흙을 헤집더니 잠깐 사이 감쪽같이 사라져 버린다. 이놈은 땅속에서 동면할 것이고 내년에 성충으로 다시 태어나 대를 이어갈 것이다.

꿀꿀이 바구미를 밤의 해충이라고 규명하고 있다. 사람과 벌레는 양식을 나누어 가지는 공생의 관계다. 사람도 집이란 껍질 속에서 밥을 축내며 목숨을 부지하고 있으니 바구미의 생애와 별반 다를 바 없다는 생각이다. 지구에 대한 해충의 입장에서 보면 사람이 바구미보다 지능이 훨씬 뛰어난 종이므로 사람의 탐욕이 자연을 훼손시켜 지구의 생명을 단축시키는데 앞장서고 있다는 생각이다.

겨울밤 창밖에 눈은 내리는데/ 삶은 밤 속에 밤벌레 한 마리 죽어 있었다./ 죽은 태아처럼 알몸을 구부리고/ 밤벌레는 아무 말이 없었다./ 그날부터 나는 삶은 밤을 먹지 않았다./ 누가 이 지구를 밤처럼 삶아 먹는다면/ 내가 한 마리 밤벌레처럼 죽을 것 같아서/ 등잔불을 올리고 밤에게 용서를 빌었다.

—「밤벌레」 정호승

「밤벌레」란 시는 한 시인의 생명존중과 자연사랑에 대한 마음을 헤아려 보게 된다. 생명의 존귀함을 강하게 전달하는 메시지가 담겨있다.

밤 깎기 작업은 며칠째 계속되고 있다. 남자가 단단한 겉껍질을 벗겨내고 여자가 칙칙한 속껍질을 벗겨내면 실오라기 하나 걸치지 않은 알몸이 된다.

오늘 산에서 풀어준 젖먹이 같은 유충이 눈에 선하다. 꿀꿀이 바구미, 땅속으로 기어들어간 애벌레가 동면을 거뜬히 이겨내고 내년에 다시 성충으로 태어나기를 기대한다. 짧은 생의 순환을 위해 땅속으로 바삐 사라지던 애벌레의 꽁무니를 떠올리며 웃음도 씹고 구수한 밤도 씹는다.

구르지 않는 자전거

우리 집 복도의 계단에는 침묵을 지키고 있는 자전거 두 대가 있다. 올무에 걸린 짐승처럼 자물쇠로 결박된 자전거에는 먼지가 뽀얗게 앉았다. 아마도 구르지 않고 멈춘 지가 1000여 일이 넘었나 보다.

노란색 자전거가 성난 뿔사슴처럼 위에서 내리꽂고 아래서 치받고 있는 청색 자전거와 서로 뿔을 맞대고 있는데 아래쪽의 뿔사슴이 힘겨워 보인다.

아이맥스가 가파른 벼랑에서 서로 뿔을 부딪치며 힘겨루기를 할 때의 모습과 흡사하다. 노란색의 큰 자전거는 누나의 것이고 청색 자전거는 동생의 것이다. 중학생인 두 아이들의 자전거가 한창 굴러갈 때에는 복도에 밝은 웃음이 넘치고 가족들의 나들이 때에도 시끄러울 정도로 떠들썩했다. 앞집 아저씨는 키가 훌쩍한 미남형이고 아주머니는 예쁘장하고 친절해서 우리와 마주칠 때에는 웃음을 잃지 않았다. 네 가족의 생활은 원앙새가족처럼 행복해 보였다.

이사를 와서 처음 아저씨를 보았을 때에는 학생을 가르치는 선생님인 줄 알았다. 어느 날 궁금증을 견디지 못하고 아주머니에게 물어보았더니 남편은 시내에서 한의원을 개업하고 있는 의사라고 한다. 남편은 한국에서 태어난 화교이고 아주머니는 학생시절 연애를 하여 결혼했다고 한다.

아이들은 한국학교에 다니고 있지만 집에 돌아오면 중국어를 사용하고 중국역사와 문화를 배운다고 한다. 화교들의 특성은 어느 나라 어떤 곳에서도 고국의 말과 문화를 익힌다는 것이니 중국인의 자긍심은 본받을 만하다.

가족이 행복해 보인다고 하였더니 함박꽃처럼 환하게 웃는다.

그러나 언제부터인가 아이들의 목소리가 차츰 멀어졌고 구르던 자전거는 계단에 묶인 채 먼지만 쌓여갔다. 궁금증이 커졌지만 웃음이 사라진 연유가 유쾌한 일 같지 않아 조심스럽게 지켜만 보고 있었다.

오월 어느 날 아침에 아이들과 마주쳤다. 두 아이들은 고개로만 까딱하고 인사할 뿐 입은 굳게 닫히고 얼굴은 어두워 보였다. 퇴근하는 아저씨와도 마주쳤는데 눈인사만 하고 고개를 돌리는 것이다. 아주머니의 모습이 오랫동안 보이지 않는 것으로 보아 중병과 싸우거나 병원에 입원한 것 같았다. 아픈 상처를 건드리는 것 같아 물어보지도 못하고 쾌유만 빌었다.

건강은 한 번 놓치면 되찾기 힘들고 치명적인 질병은 목숨까지 앗아가기 때문에 경계의 대상이다. 하지만 질병은 도둑처럼 소리 없이 찾아오기 때문에 언제 어떤 불행을 겪을지 아무도 짐작할 수 없는 것이다. 평소에 건강관리에 관심을 가지고 예방에 힘쓰며 꾸준히 운동과 식이요법으로 관리하는 방법 외에는 뾰족한 묘수가 없는 것이다. '건강을 잃으면 인생 전부를 잃는다.'는 말을 누구나 음미해 볼 필요가 있는 것이다.

계절이 바뀌어도 불안한 시간은 이어졌다. 앞집의 문 여닫는 소리도, 발자국 소리도, 이야기소리도 새삼 들리지 않았고 지루한 침묵은 감옥의 철문처럼 굳게 닫힌 채 열리지 않았다. 언젠가 낯선 노부부를 문 앞에서 마주쳤고 음식그릇이 복도에 나와 있는 것으로 보아 집을 지켜주려고 온 부모님 같았다.

초여름 어느 날 엘리베이터 앞에서 앞집 아주머니와 마주치게 되었다. 반가운 김에 "안녕하세요?" 하고 큰 소리로 인사를 했지만 모자를 깊숙이 눌러쓴 아주머니는 핏기 없는 얼굴로 눈인사만 하면서 이내 시선을 거두었다. 자신의 수척한 모습을 다른 사람에게 보이고 싶지 않아서였을 것이다. 큰 소리로 인사를 건넨 것이 오히려 미안한 마음이었다. 상냥하던 아주머니가 우리 가족의 인사를 부담스럽게 생각하고 외면하는 걸 보아 병이 깊은 것 같았다.

침묵의 시간이 계속되는 동안에도 계절은 바뀌었지만 복도의 긴장은 여전히 팽팽하기만 하다. 자전거 두 대는 죄인처럼 결박되어 움직일 줄 모르고 현관문에 붙여놓는 각종 광고지가 말끔하게 치워지는 걸 보면 분명히 가족이 기거하고 있을 터인데 그들 가족과는 좀체로 마주칠 수 없는 것이다. 우리 가족도 조심스럽게 생활하고 있다. 외출할 때에도 목소리를 낮추고 문도 소리가 나지 않도록 여닫는다.

세 번째 겨울이 찾아오고 하얀 눈도 내렸다. 침묵이 침묵을 낳는 동안 앞집의 문은 비밀스럽게 열리고 닫히는 모양이다. 시간이 흐를수록 불안은 커져가고 아주머니의 병환도 차도가 있는 것인지 아니면 깊어만 가는 것인지.

을씨년스럽고 차갑던 겨울이 물러나고 돼지해가 찾아왔다. 모두들 황금돼지해라고 야단법석이다. 돼지해에 아이를 출산해야만 아이에게 행운이 온다며 분만을 서두르고 황금돼지저금통이 가게마다 넘친다. 사람들은 행복을 추구하기 위해 온갖 행위로 황금돼지를 잡으려고 아우성이다. 그러나 사람에게는 재물보다 건강이 더 우선이다. 질병의 고통 없이 쪽빛 하늘과 새 날을 맞이할 수 있다는 것은 신의 축복이다.

또다시 5월의 신록이 생명으로 넘쳐난다. 빛나는 녹색 장원을 바라볼 수 있는 것만으로도 행복하다. 건강하게 가족과 생활할 수 있다는 것은 행복 그 자체인 것이다.

아주머니의 병환이 치유되어 본래의 모습으로 돌아왔으면 한다. 묶였던 자전거가 다시 풀리고 아이들의 유쾌한 웃음소리가 복도에 넘쳤으면.

그리하여 오랜 침묵의 시간이 파도처럼 부서지고 가족들의 떠들썩한 외출 소리, 문 여닫는 소리, 아주머니의 웃음이 함박꽃처럼 활짝 피어나기를 기대해 본다.

장닭의 호연지기

'구, 구….' 하고 부르면 어디에선가 닭들이 몰려온다. 장닭은 성큼성큼, 암탉들은 엉덩이를 흔들며 뛰어온다. 모이를 열심히 줍는다. 배를 채우고 나면 장닭은 호기 있게 꼬끼오! 하고 만세를 부른다. 평화롭고 목가적인 풍경이다.

예부터 닭은 사람에게 길들여진 날짐승이다. 소나 개처럼 정이 가는 동물은 아니지만 사람과 같이 기거하고 생활하는 소중한 가축이다.

닭은 닭 목 꿩과에 속한다고 한다. 꿩은 자연에서 은둔생활을 하며 사람을 멀리하기 때문에 야계野鷄라고 부르기도 하지만 닭은 사람의 울타리 안에서 길들여져 날지 못하는 새가 되었다. 사람과 같이 살다보니 어느새 사람의 습성을 닮아 사회성이 뛰어난 동물이 되었다.

장닭은 식솔을 거느리며 보호한다. 늘 경계의 빛을 늦추지 않고 자기 영역을 지킨다. 벌레나 먹이를 암탉에게 양보할 줄 알고 땅을 헤집어 먹이를 찾도록 도와주기도 한다. 한가롭게 자유를 누리다가도 침입자가 나타나면 지체 없이 전투태세에 돌입한다.

다른 암탉이 접근하면 위협을 주거나 부리로 쪼아 쫓아버리지만 장닭이 나타나면 태도가 돌변하여 혈투가 벌어진다. 갈고리 같은 날카로운 발로 가슴을 차고 할퀸다. 억센 부리로 벼슬을 찢고 깃털을 뽑으며 피투성이가 된다. 한 치의 양보도 없이 상대가 물러설 때까지 싸운다. 기세가 꺾인 놈이 꽁무니를 빼야만 싸움은 끝이 나고 승리한 장닭은 꼬끼오! 하고 환호성을 지른다.

장부의 기질을 타고난 장닭의 풍모를 살펴보면 재미있는 구석이 많다. 월계관처럼 세운 빨간 벼슬이며 경계심이 강한 쥐눈이콩 같은 눈알이며 윤기 나는 검붉은 깃털과 당당한 체구, 댓줄기처럼 튼튼한 다리와 송곳 같은 날카로운 발톱으로 무장하여 가히 군주답게 당찬 면모를 두루 갖추고 있다.

조선시대의 문장가 '이첨' 선생은 닭을 일러 다섯 가지의 덕을 지닌 가축이라 하였다.

첫째, 머리에 벼슬을 쓰고 있으니 문文이요, 둘째, 날카로운 발톱을 가지고 있어 무기가 되니 무武요, 셋째, 적과 잘 싸우는 용기가 있으니 용勇이요, 넷째, 먹이를 양보하고 가르쳐 주므로 인仁이요, 다섯째, 때를 알려주니 신信이라고 했다. 사람이 갖추어야 할 덕목을 닭도 갖춘 것이다.

인구가 폭발하면서 농경사회가 무너지고 산업사회가 급속히 진행되면서 닭의 수난시대가 찾아왔다. 품종개량을 거듭하여 사람에게 유익한 육종과 난종으로 분류되어 대량생산의 길이 트인 것이다.

육류로 길러진 닭은 도살장을 통하여 삼계탕집이나 춘천닭갈비집으로, 닭발과 똥집은 포장마차로 공급되고 알을 얻기 위해 길러진 닭은 주야로 밝혀진 전등불에 자극하여 쉴 새 없이 알만 낳는 먹이노예로 전락하였다.

나는 가끔 보았다.

경부고속도로 위에서 하얀 닭들이 화물트럭의 좁은 우리에 갇혀 숨을 헐떡이며 도살장으로 끌려갈 때 이상하게도 참혹한 군상이 연상되었다.

제2차 세계대전 중에 나치가 수많은 유태인들을 화물차에 닭처럼 가득 채우고 어둠을 달려 아우슈비츠란 지옥의 수용소에 도착하여, 영문도 모른 채 가스실에서 쓰러지고 소각되어 높은 굴뚝을 통하여 600만 명에 가까운 유태인과 피점령국민들이 연기로 사라졌다. 인간이 역사를 만들어낸 이후 용서받지 못할 최악의 범죄를 저지른 것이다.

지금도 현대문명 앞에서 인간사냥이 자행되고 있으니 인간의 죄악이 어디쯤에서 멈추어 설 것인지 암담하기만 하다.

닭의 육질을 씹고 알을 목구멍에 넘기는 동안 닭들은 아우슈비츠의 독가스를 흉내 내어 조류가스를 뿌리기 시작했다. 한때 조류독감은 세상을 흔들어 놓았고 사람들이 감염된 닭처럼 넘어졌다.

조류독감, WHO에서 발표한 내용을 보면 조류독감이 확산되면 수주일 내에 최소 700만 명에서 많게는 1억 명까지 목숨을 앗아간다며 경고하고 있다. 독감의 매개체는 닭이다. 조류독감이 지구촌 곳곳을 찾아 독가스처럼 스며든다면 인류는 큰 재앙에 떨게 될 것이다. 이제 닭과 인간의 관계도 농경사회의 따뜻한 생존관계가 깨어지고 오직 먹이 사슬의 종속의미만 남게 되었다.

18세기 프랑스의 계몽주의 시인이자 소설가인 볼테르는 장닭을 다음과 같이 칭송하였다.

'닭들이 한가하게 노니는 시골농가의 마당이 가장 완벽한 군주국가의 모습을 보여준다. 장닭에 비교할 만한 왕은 없다. 장닭이 무리 사이로 의연하고 오만하게 거닐지만, 그것은 허영심 때문이 아니다. 적이 가까이 올 경우, 장 닭은 자기 백성들에게 목숨을 바쳐 싸우라는 명령을 내리지 않는다. 그는 몸소 앞으로 나서며, 암탉들을 뒤로 물러서게 한 다음 죽는 순간까지 싸운다. 인간사회에서는 그토록 멋지고 정직하며 무사 무욕한 정경을 볼 수 없다. 장닭은 또한 미덕도 두루 갖추었다. 그 위엄 있는 부리로 암탉에게 먹이를 선선히 내준다. 그 화려한

할렘에 군림하던 솔로몬도 장닭의 풍모는 흉내조차 내지 못하였을 것이다.'

볼테르는 장닭을 지나치리 만치 높이 평가하였지만 사람의 세계에서도 장닭 이상으로 아름다운 덕목을 갖춘 인물이 많이 배출되었다.

우리는 오늘, 불안한 시대에 살고 있다. 시시때때로 일어나는 혼란과 모순에 갈피를 잡지 못하고 있다.

세상이 어지러울수록 장닭의 풍모와 호연지기가, 새벽을 알리는 고고성이 더욱 절실하다.

새해에는 대장 닭의 희망에 찬 목소리가 온 누리에 울려 퍼졌으면 한다.

잠자는 연인들

우리 집에는 오래도록 낮잠에 빠져 있는 부부가 있는가 하면 오수에 젖어 해가 기울어도 눈을 뜰 줄 모르는 여인이 있다.

전자의 부부는 그림 「오후 휴식」의 주인공들이다.

부부가 공동으로 성벽처럼 쌓아올린 노적가리 그늘에서 노동의 피곤을 풀기 위해 잠시 평화스럽게 잠든 모습이다. 추수의 풍요로움과 부부의 정겨움, 노동의 신선함마저 느끼게 한다.

남자는 모자로 얼굴을 가리고 두 팔로 머리를 고이고 반듯이 누웠으며 여자는 남자를 향해 다리를 약간 구부리고 다소곳한 자세로 모로 누웠다. 머리에는 흰 수건을 쓰고 양팔에 얼굴을 묻고 남편 가까이에 누워 있어 한 가지에 맺은 농익은 과일처럼 친밀하고 다정해 보인다.

남자가 벗어놓은 신발과 그 옆에 나란히 놓인 낫은 날카로운 연장이 아니라 부부의 일체를 상징하는 징표로 다가온다. 또한 황금들판과 푸른 하늘이 어우러져 신의 축복인 양 평화롭다.

이 그림을 감상하고 있노라면 생활의 성실함이 삶의 의미를 한층 더 승화시켜 준다는 느낌을 받게 된다. 노동 후의 안식에서 견실한 사랑의 세계를 완상하는 것 같아 내 마음도 충만해진다.

화가는 푹신한 낟가리 위에서 고이 잠들고 있는 부부의 모습을 활달하면서도 생명력이 넘치는 필치로 처리하고 있어 시선을 끈다.

후자의 여인은, 어느 이른 봄 날 오후, 책을 읽다가 잠시 오수에 젖어 있는 아내의 모습이 잠든 수련처럼 아름다워 카메라에 담았다.

따듯한 봄빛이 백치의 미소처럼 찾아들고 초승달처럼 감은 두 눈, 가볍게 다문 입술, 왼팔을 베개삼고 두 무릎을 모아 치마의 흐름이 부드럽다. 두 발에 걸린 꽃 버선은 천진스럽기까지 하다. 다감한 햇살이 머리카락에 내려 잠을 재촉하고 어깨선을 타고 무릎 위로 흐르는 햇살은 일상의 고달픔을 어루만져 주는 것 같다.

글을 읽다가 팔걸이에 놓아둔 책은 마음의 여유로움과 안정감을 주고 있다. 마치 창포물에 말끔히 씻은 듯 고이 잠들어 있는 여인의 모습은 천상의 세계를 꿈꾸듯 순수하다.

신은 인간에게 노동과 휴식을 내려주었다. 노동으로 삶을 경작케 하고 휴식으로 노동을 재생산하게 하였다. 노동과 휴식은 낮과 밤같이 일상을 이어가고 번성해 가도록 배려해준 신의 은총이다.

「오후 휴식」이란 명화는 고흐의 작품이다. 고흐는 밀레의 그림에서 화가의 꿈을 키웠고 그를 좋아했다. 밀레의 작품을 모작함으로서 정신적인 안정과 화가 수업에 도움이 되기도 하였다.

모방은 창작의 지름길이란 말이 떠오른다. 세상의 창조물은 모방이 아닌 것이 없다고 본다. 과학의 진보와 발명의 시초도 자연계의 모방과 영감에서 출발하였다고 본다.

문학은 삶이란 부디 낌을 통하여 탄생한다. 창작은 언어의 유용이요, 순환이요, 모방이다. 단지 문장의 변화와 이미지 창출의 차이일 뿐이다.

고흐처럼 모방의 귀재가 될 수는 없을까. 잠자는 아내의 모습에서 사실적 묘사를 뛰어넘어 고흐의 그림처럼 자유분방하고 순백하게 그려낼 수는 없을까.

고흐가 창녀를 사랑했듯이 나도 창녀를 사랑한다면 다양한 인생탐구를 통하여 불후의 명작을 만들어낼 수 있지 않을까.

모방에서 모방으로 끝나는 것이 아니라 모방을 통해서 새로운 세계를 구축한다면 성공한 창작이라고 평가할 수 있겠다.

이따금 침실의 벽면에 걸려있는 부부의 그림에서 마음의 동요도 가라앉힐 수 있고 농부의 근면한 생활을 통하여 삶의 진지한 의미를 되새겨도 보는 것이다. 그리고 한 예술가의 고뇌에 찬 짧은 생애를 통하여 이루어낸 위대한 예술의 세계를 흠모하게 되는 것이다.

가끔 아내의 작업실에 걸려 있는 사진 앞에서 오래도록 머물 때가 있다. 꿈속에서 화원을 거닐고 있는 듯한 편안한 모습에서 무한한 자유와 비상의 세계를 연상해 본다. 어쩌면 그 시간만은 완벽한 행복의 순간일 수도 있으리라.

어느 유명한 조각가가 심혈을 기울여 아내의 모습을 조각한다 하더라도 현상을 그대로 재현해내지는 못할 것 같다. 또한 고흐가 살아있다 하더라도 소녀와 같은 아내의 천진성을 모방할 수는 없으리라. 하여 명작이라고 할 수 있겠다.

고흐의 혼은 불꽃처럼 열정적이고 대담하여 개성 있는 대상을 창조하고 있다. 나는 아름다운 실체를 사실대로 글로 묘사할 수 없는 한계에 부딪쳐 허탈해질 때가 많다.

낟가리에 묻혀 잠들고 있는 부부의 모습에서 건강한 노동과 풍성한 결실을 감상할 수 있다면 아내의 잠자는 모습에서는 가정이란 요람에서의 안식과 감미로운 휴식을 맛볼 수 있는 것이다.

고흐의 그림이 예술로 승화한 명화라고 한다면 아내의 사진은 작가의 의도가 전혀 개입되지 않은 실상을 그대로 영상에 담은 피사체이다. 그렇지만 생명의 피가 흐르고 있음을 감지할 수 있다.

작품의 주인공들은 생시처럼 아름다운 세계로 유인하기도 하고 건강한 삶을 암시해 주기도 한다. 또한 과즙같이 달콤한 연모의 정에 다시 눈을 뜨게 하여 나의 영원한 연인들로 살아가고 있는 것이다.

멍텅구리와 심퉁이

동해 연안에는 나를 닮은 어족이 살고 있다. 생김새가 비슷하다. 몸은 둥글넓적하여 굼뜨게 생겼고 파란 눈은 사팔뜨기 같다. 피부는 꺼머번드르하고 잡으면 뭉클하다.

눈두덩은 봉긋하고 턱과 주둥이는 뭉텅하고 위로 약간 치켜져 심술스러워 보인다. 배에는 둥근 빨판을 달고 있는데 바위에 붙으면 고집쟁이처럼 잘 떨어지지 않는다.

예전에는 해초를 따는 아낙네들이 넘실넘실 떠다니는 심퉁이를 손으로 잡으리만치 굼떴다. 어부들이 그물을 던지면 달아나지 못하고 잘 잡혀서 멍텅구리라고도 했고 심술스러워 보인다고 심퉁이라고도 불렀다.

꽁치나 고등어처럼 유선형으로 생겨서 날렵하거나 미끈하여 바다에서 자유자제로 헤엄치며 이동하는 것이 아니고 자기

집 근처를 벗어나지 못하는 어리벙벙한 고기라 멍청이라고 부르기도 한다. 고기구실도 제대로 하지 못하여 예전에는 밥상에 오르지도 못하고 버려지는 천덕꾸러기였다. 요즈음은 어물이 귀하다 보니까 뜨거운 물에 살짝 데쳐서 술안주 감으로 상에 오르기도 하지만 원래부터 고기 축에는 끼어들지 못하였다.

요즈음 내 생활이 어리버리하여 심퉁이의 판박이가 아닌가 하고 생각할 때가 많다. 구체적인 증상을 몇 가지 들어 본다면 대충 다음과 같다.

· 세수하고 나오면서 화장실 불을 끄지 않는다.
· 행사 날짜를 달력에다 기록해 놓고도 깜박 잊는다.
· 금방 책을 읽고도 돌아서면 까마득하게 잊어버린다.
· 사람을 잘 식별하지 못하여 다시 만나면 적당히 인사를 하고 얼버무린다.
· 안경을 자주 벗어놓고 돌아선다.
· 자동차에 가서야 빈주머니인 것을 확인하게 된다.
· 가져갈 물건을 현관 입구에다 내놓고도 그냥 나간다.
· 소변을 보고도 잠금장치를 하지 않을 때가 있다.
· 중요한 서적을 잘 보관하여 놓고도 필요할 때 찾으려면 서재를 샅샅이 뒤져야 한다.
· 상대의 얘기를 제대로 알아듣지도 못하면서 고개를 끄덕인다.

· 여러 번 다녔던 장소도 다시 찾으려면 그 주변에서 맴돌 때가 많다.

· 걸음걸이나 행동이 굼뜨고 조심스럽다.

그러나 이러한 일상의 일들은 나이가 들어 육체의 기능이 떨어져서 일어나는 노쇠와 건망증이라고 미루어 버리면 다소의 위안이 되기도 하지만, 문제는 정신적 나태와 혼돈과 체념이다.

흔히 사람이 노경에 이르면 지혜롭고 너그러워진다고들 한다. 이와는 달리 점점 멍텅구리가 되어가고 있으니 한심하다.

내 꼴을 솔직히 고백해 보면,

· 귀찮고 번거로운 일은 피하려고 한다.

· 양심의 소리를 듣고도 대변해 주지 못하고 입을 닫아버린다.

· 자신의 주관에 집착하여 상대의 장점을 잘 헤아리지 못한다.

· 앞장서야 할 때에도 꽁무니를 빼거나 외면해 버리는 비겁자가 된다.

· 잘못된 행동을 보고도 꾸짖지 못하고 너그러운 늙은이로 포장한다.

· 현실과 적당히 타협하고 편안한 쪽을 선택한다.

· 부조리에 대한 비평과 저항의식도 사그라지고 웅변은 무덤처럼 침묵을 지킨다.

· 물에 물 탄 것처럼 자기 색깔과 개성이 없다.

· 모시적삼처럼 순결하거나 빳빳하지도 못하고 동백꽃처럼 순절할 줄도 모른다.

정신은 갈고 닦지 않으면 빛이 나지 않고 향기도 없다. 영혼을 담금질하지 않으면 타다 남은 장작과 재만 남게 된다. 마음을 수련하지 않으면 거울에 때가 끼듯이 시야가 흐려진다.

세상이 제대로 돌아가지 못하고 마차가 삐걱거리며 자갈밭을 굴러가듯 소음이 나도 애써 귀를 막아 버리고 마치 무더위에 권태로움을 느끼듯 무위도식에 빠져 버리게 된다.

이제는 뒷걸음치고 꽁무니 뺄 일만 거듭하고 있다. '늙은이가 무얼 해, 물 흐르듯 살면 되는 거지, 좋은 게 좋은 거야, 다 젊은이들 세상이야, 똥이 무서워서 피하나 더러워서 피하지.' 이것이 최선의 변명이요 보신이라 하늘을 우러러 부끄러움이 많아 얼굴을 들지 못할 지경이다.

그러함에도 나에게는 이상한 현상이 일어나고 있다. 속이 비고 허물어진 의식으로 글을 붙들고 있으니 이를 어떻게 판단해야 할 것인지. 자신이 실종된 상태에서 언어의 그물을 깁고 어구를 손질하고 언어의 바다에 그물질을 하고 있으니, 멍텅구리 어부가 유려한 언어들을 무슨 수로 건져 올릴 수 있을까. 기껏해야 그물에 걸리기 쉬운 심퉁이류의 낱말들을 건져 올리지 않을까.

이웃에, 사회에, 국가에 쓸모없는 사람이라고 하더라도 언어를 건져 올리는 낚시나 그물은 내려놓고 싶지 않으니 지나친 욕심이라고 할까. 아니면 관습적 사고에 절어서일까.

그래도 생명에 대한 의미를 거머쥐고 남은 의욕을 추슬러 은빛 날개를 단 푸른 언어를 낚고 싶다. 손쉽게 잡히는 연안의 언어가 아니라 대양의 깊은 바다에서 비취색 언어를 낚고 싶다. 힘이 쇠잔하여 그물을 던질 수 없을 때까지 어부의 생활을 포기하고 싶지 않다. 그물조차 던질 수 없게 된다면 남이 건져 올린 싱싱한 언어의 바다를 유유히 산책하는 것도 위안이요 보람이 될 것이다.

본래의 심통이 이름은 뚝지다. 생김새가 심술첨지 같고 하는 짓이 우유부단하여 어부가 그물만 던지면 잡히는 어리석은 고기라하여 멍텅구리, 멍청이, 심통이라는 여러 가지 별호를 달고 있다.

나도 부친이 지어준 고유의 이름이 따로 있지만 생김생김이 심통이를 닮아서 심술 맞고 하는 짓이 데데하고 소심하여 스스로 멍텅구리라고 불러본다.

이제, 소망이 있다면 언어의 집에서 하늘나라로 떠날 때까지 맑은 영혼 한 가닥이라도 부여잡고 비취색 언어의 바다를 한껏 유영하고 싶은 것이다. 끝내 멍텅구리작가란 별명을 듣는 한이 있더라도.

생명의 노래

꽃님이가 기어이 일을 저지르고 말았다. 그릇을 깨뜨리거나 사고를 친 게 아니라 죽음 직전의 한 생명체를 구한 것이다.

7년 전에 꽃을 피우고 난 후 목숨을 포기한 것처럼 시름시름 앓고 있는 화초가 있었다. 개 혓바닥처럼 늘어진 두 개의 잎은 황달이 들어 빈사상태가 되었고 소생의 기미가 없어지자 한쪽 구석으로 방치해 버렸던 것이다.

그러나 꽃님이가 베란다의 주인이 되면서 달라지기 시작했다. 비실비실한 호접난을 꽃들의 가운데로 옮겨 놓았으나 화려하고 생기가 넘치는 주위의 꽃들과는 전혀 어울리지 않았다. 그러한 난을 굳이 극진하게 보살펴 줄 이유가 없는데 하고 의아해 했다.

그러함에도 꽃님이는 전혀 개의치 않고 호접난에게 사랑을 쏟았다. 병든 자식을 돌보듯 품에 안고 살다시피 한 것이다. 알맞은 화분으로 옮겨주고 흙도 갈아주고 물도 정기적으로 뿌려 주고 햇볕도 조절해 주며 환경을 개선해 주었다. 긴 잠에서 빨리 깨어나라고 독촉하며 잠자기 전 반드시 호접란과 속삭이듯 교감하면서 부활을 기원했다. 마치 한 송이의 꽃처럼 자애로운 어머니의 모습이었다.

오랜 세월의 간절한 기도가 헛되지 않았는지.

어느 날, 죽음의 문턱에서 새 순이 솟았다. 꽃님은 잃었던 자식이 돌아온 듯 그토록 감격할 수가 없었다. 줄기는 한 뼘 정도 자라더니 손톱크기의 진보라색 꽃봉오리를 달았다. 그러더니 마침내 세쌍둥이 아가씨가 신비스런 빛으로 탄생한 것이다.

세쌍둥이는 판에 박은 듯 빼어 닮았다. 아기 손바닥만 한 크기에 연한 보라색으로 우아하고 탐스럽게 자태를 뽐내고 있다. 이들은 탄생의 어려움만큼이나 생명의 환희로 상기되어 있다. 부활의 찬가를 한껏 노래하고 있는 것이다.

천사의 미소가 저토록 아름다울 수 있을까. 투명한 얼굴은 이슬을 머금은 듯 촉촉하고 순결하다. 꽃님의 기도와 정성이 피워낸 걸작품이다.

모든 사물은 사랑으로 바라보면 실체가 보이고 더 깊이 사랑하면 생명이 보인다. 수줍은 듯 고아한 호접란은 우리들 마음에 환한 생명의 등불 하나를 밝혀 주고 있는 것이다.

육필과의 교감

편지는 마음의 행로이자 고백의 글이다.

마음을 담아 보내는 글이기에 더 진지하고 감동적이다. 기쁨은 증폭되고 슬픔은 더 깊어진다.

편지에는 쓰는 사람의 음성이 담겨있다. 상대를 마주하고 쓰는 글이라 직접 얘기를 나누는 것처럼 사실적이다. 서신은 진실을 담아 낸 마음의 그릇이기 때문에 차고 넘쳐도 부족함이 없다.

반세기 전만 하더라도 서신은 소식을 전하는 매신저 역할을 톡톡히 해 내었고 의사의 전달방법으로 가장 효과적인 수단이기도 하였다.

빨간 우체통에 편지를 넣고 연인의 답신을 기다리는 동안은 초조하고 행복하였다. 서신의 글씨체는 다양하다. 사람의 얼굴이 각각이듯이 글씨 또한 각각이다. 글씨체에는 개성이 잘 나타나 있어 대충 성격을 가늠할 수 있었다.

이제는 인터넷시대로 빠져들어 서신도 시간과 속도에 밀려 정감 어린 육성의 필체는 거의 사라져 가고 있다. 부자간의 사랑과 친구와 형제간의 정리도 차가운 기계가 찍어 내는 활자에 익숙해지고 정서적 인간관계도 멀어지는 느낌이다.

생활도 세속의 문화에 흡수되듯이 서신도 문자메시지나 이메일로 대신하게 되어 기계 활자에 중독되어 가고 있는 것이다. 휴머니즘의 위기라고 하면 과장된 표현인지는 모르겠지만 옹고집쟁이처럼 아직도 육필을 붙들고 있다.

선배문인들과의 문안인사나 문우들과의 교분, 자식들과의 안부나 소식도, 책을 받고 띄우는 답신도 가급적이면 편지로 대신하고 있다. 이메일이 전하는 서신은 아무래도 메마르고 형식적인 냄새가 풍겨서 굳이 육필을 고집한다.

선배문인 서신에서 세로로 써내려가는 글을 읽으면 마치 선배님의 따뜻한 육성을 듣는 것 같아 친근감을 느끼게 된다.

"몇 년 전 ○○○교수와 함께 막걸리를 마시며 정담을 나누던 기억이 잊히지 않습니다. 글을 잘 쓸 수가 없어 언제나 제자리걸음이니 부끄럽고 한스럽습니다. 이제는 가는 날만 기다리며 살아야 할 것 같습니다. 언제 기회가 닿으면 ○박사와 함께 제 고향의 술맛 보러 내려와 주시면 더 없는 기쁨으로 생각하겠습니다."

원고지에 또박또박 써내려간 선배님의 겸손하고 소박한 글은 마치 향수를 담은 듯 마음을 따뜻하게 채워주는 글이다.

요즈음은 시간에 쫓겨서인지 마음의 여유가 없어서인지 웬만하면 핸드폰으로 의사전달을 하고 그것도 번거로우면 문자 매시지로 대신하고 길면 이메일로 입력해 버린다. 바쁜 세상에 서신은 무슨 서신이냐고 하면 할 말을 잃게 된다.

"할렐루야! 뒤늦게 소식을 전합니다. 몇 개월간 떠돌다가 산 속에 들어왔습니다. 절망의 밑바닥을 맴돌다 간신히 일어서려는 중입니다. 목회자의 아내로서 이토록 힘들어 보기가 처음인 것 같습니다. 초반부터 어려움은 늘 제 곁에 있었지만 해마다 다가오는 산과 또 산은 제겐 너무나 벅차고 힘겨운 여정이었습니다."

목회자의 아내로서 거처를 여기저기 옮겨 다니며 병수발까지 해야 하는 후배 시인의 아픔을 함께 느낄 수 있었다. 이처럼 서신에는 솔직한 마음의 표현이 녹아있다. 시인의 아픔이 한 편의 수필처럼 순화되어있어 시인 가족의 고단한 삶을 나누어 보는 것이다.

"올해도 절반이 흐르고 있습니다. 세월의 무심함에 가슴 조이던 날들도 지고…. 이제 무언가 알 것 같은 시점에 이르니 순간의 가치를 재인식하지 않을 수 없습니다. 많은 생각을 하면서 『우렁 나팔수』 행간을 넘나들었습니다. 깊은 사유와 삶에 대한 성찰이 녹아든 작품으로 아직도 잔잔한 파문 속입니다. 선생님을 만나게 된 인연이 오랜 감동으로 이어질 것입니다. 늘 감사드리며 문운을 빕니다."

문우에게서 온 서한은 나의 수필집을 읽고 보낸 답신이다. 짧은 글 속에서 문우의 생각을 읽어낼 수 있는 좋은 단수필이다. 살아있는 간결한 문체 속에서 내면의 세계를 바라볼 수 있는 친필은 마음의 거울이기도 하다.

"할아버지, 할머니, 안녕하세요.

건강히 잘 지내세요. 저는 잘 지내고 있습니다. 제가 돈을 많이 벌어서 꼭 해외여행 시켜 드릴게요. 할아버지, 할머니 건강하게 오래 오래 사세요. 저를 이뻐해 주시고 사랑해 주셔서 감사합니다."

손자 녀석인 시원이가 보낸 편지다. 겨우 한글을 익혀서 보낸 서툰 글이지만 아마도 부모가 거들었을 것이다. 글씨체가 크고 작고 줄도 비뚤비뚤하고 꾹꾹 눌러쓴 흔적이 뚜렷하다. 그러나 시원이가 그려낸 육필에서 육신의 부활을 새삼 느끼게 되는 것이다. 따뜻한 피의 흐름과 사랑을 다시 한 번 새겨보는 글이라 친필은 순수한 마음이 묻어있는 글이다.

"집으로 오랴거든 소집통보인에게 너의 주소를 명백히 기재하여 주어서 일후 영장이 교부될 시는 직시 연락이 되도록 할 것이며 금 4천환을 보낸다."

방학을 하고 시골집으로 내려오기 전에 아버지께서 보낸 서신이다. 군 입대 영장이 나올 무렵이라 통지서가 제대로 전달되도록 주소를 정확하게 알려 주고 오라는 내용이다. 이 짧은 글은 반세기 전에 아버지가 명함 뒷면에 적어서 보낸 글이다. 아버지와 주고받던 서신이 많았는데 유일하게 남아있는 아버지의 필체다. 아버지의 음성이, 모습이, 내 마음에 고스란히 전달되는 친필이다.

서신은 정신과 육신을 아우르는 정감 어린 목소리다. 그 소리는 계곡의 물소리 같기도 하고 장끼의 힘찬 목소리 같기도 하며 때로는 소쩍새의 슬픈 곡조이기도 하다.

편지에는 사람의 음성과 냄새와 사유의 세계가 담겨 있다. 지금은 사람의 정서와 온기가 그리운 시절이다. 나는 마음을 주고받는 친필을 계속 고집할 것이다. 그것은 수필의 첫 장이요 인간의 향기로움이기 때문이다.

아름다운 다리

터키의 이스탄불은 지정학적으로 동양과 서양을 연결하는 교량 역할을 하고 있다. 많은 나라의 문화가 교류되고 혼합하여 고대와 현대의 문화를 고스란히 간직하고 있는 곳이다. 오랜 전쟁의 역사 속에서도 오벨리스크처럼 쌓아올린 동서문화의 금자탑이다. 그리스, 로마, 비잔틴, 오스만제국 등 수많은 국가와 문명들이 사막의 회오리바람처럼 소용돌이 쳤던 곳이다.

세계문화유산의 보고인 이스탄불은 동서양의 문화가 혼재되어 신비스럽기까지 하다.

동서를 갈라놓은 보스포러스 해협은 흑해와 지중해가 교류하는 곳이며 이곳의 다리는 찬란한 문화를 꽃피게 한 황금의 다리다.

비련의 다리를 찾아가 보자.

영국 런던의 워털루 다리는 외양으로는 보잘것없는 다리다. 그 다리 위에서 피어난 「애수」란 영화는 한때 젊은이들의 심금을 울려주었던 애정영화다. 로이(로버트 테일러분)가 탄 지프차가 다리 위에서 멈춘다. 대령은 상아로 만든 조그만 마스코트를 쥐고 회상에 잠긴다.

발레리나인 마이라(비비안 리 분)와의 애절한 사랑을 떠올리고 있는 것이다. 1차 세계대전 당시 대위였던 로이는 워털루 다리 위에서 공습경보를 받게 되고 지하철역 구내에서 피신하던 중 마이라를 만나 사랑을 하게 된다. 그 후 로이는 전선으로 떠나고 어느 날 신문에서 로이의 전사를 확인하게 된다. 생활고에 시달리던 마이라는 결국 친구와 같이 매춘부로 전락하게 된다. 어느 날 워털루 역에서 호객행위를 하던 마이라는 전쟁이 끝나고 귀환하는 로이와 극적으로 만나 결혼을 약속하게 된다. 그후 마이라는 양심의 가책을 받고 자신의 과거를 고백하고 집을 뛰쳐나간다.

마이라는 안개가 자욱한 워털루 다리 위를 걷고 있었다. 로이와의 첫 만남이 이루어졌던 다리 위에서 군용 트럭에 뛰어든다. 그녀가 사랑의 징표로 지녔던 마스코트가 다리 위에 뒹군다.

세월이 흘러 중년이 된 로이는 2차 대전에 참전하기 위해 워털루 다리 위에서 마스코트를 만지며 과거의 사랑을 회상하고 있다. 사랑을 잃어버린 애수의 다리는 지금도 많은 사람들의 기억 속에 자리하고 있다.

파리의 세느 강에는 연인들의 가슴을 설레게 하는 미라보 다리가 있다.

1895년에 완공되었고 길이가 190미터, 폭이 20미터 정도의 아치형 철제로 만들었다. 이 다리가 널리 알려지게 된 동기는 기욤 아폴리네르의 명시 「미라보 다리」가 애송되면서부터다.

미라보 다리 아래 세느 강은 흐르고/ 우리들의 사랑도 흐른다. 기억해야 하랴/ 기쁨은 항상 슬픔 뒤에 오던 것을/ 해는 저물어 종이 울린다./ 세월은 가고 나는 남는다….

시인 아폴리네르가 여류화가 마리 로랑생과의 이별의 아픔을 노래한 시 때문에 미라보 다리는 젊은이들의 가슴에 낭만과 사랑의 노래로 남게 된 것이다.

한강대교는 비운의 역사와 근대화의 기적을 이룩한 다리다.

6 · 25사변 때는 폭파되어 절망의 다리로 변했다. 피난민들이 도강하기 위하여 필사적으로 매달렸던 비극의 다리였다.

서울이 수복되고 한강에 임시 부교가 놓여졌다. 용산과 노량진을 이어주는 부교 위를 걸으면서 처참하게 끊어진 한강대교를 바라보며 민족의 비운을 가슴 깊이 느꼈다.

산업화의 물결이 일면서 한강의 기적을 일구어 내고 한강대교는 서울을 상징하는 새로운 모습으로 태어났다.

부산의 영도다리는 전쟁의 격동기를 함께한 다리다.

피난 시절 영도다리는 하루에 두 번씩 하늘로 올려져 배들이 드나들었다. 피난민들의 애환을 담은 「굳세어라 금순아」라는 노래도 이때에 유행하였다. 관광명물이었던 영도다리가 지금은 수출의 기치를 높이 들고 번영을 꿈꾸고 있다.

근래에 들어 성수대교의 붕괴는 한마디로 충격이고 악몽이었다.

졸속공사로 다리가 제풀에 떨어져 강물에 처박히고 많은 학생들이 희생되었다. 산업화 사회로 바쁘게 치닫고 있는 우리에게 경종이 되었던 것이다. 대외적으로는 한국의 건축기술을 의심받게 되었고 망신살이 뻗쳤던 다리가 되었다. 젊은 꽃들이 땅에 떨어진 다리. 아픈 기억으로 남게 된 다리다.

몇 년 전 연변을 거쳐 두만강의 국경 도시 도문에 당도했다. 도문교는 낡은 콘크리트 다리로서 중국의 도문과 북한의 남양시를 연결하고 있었다. 다리 중간 지점까지 갔다. 붉은 선이 그어진 국경선에서 멈추어 섰다. 북한땅으로 소리치며 내달리고 싶었다. 우리의 땅이었던 북간도는 어느새 중국땅이 되었다. 빼앗긴 땅과 다리 위에서 울분을 삭이고 있었다. 도문교는 두만강물보다 많은 민족의 비애를 안고 있는 다리다.

태풍 루사가 휩쓸고 간 상처는 이만 저만이 아니다. 누군가 얘기했다. 6·25전쟁보다 더 참혹하다고. 다리가 파괴되어 마을은 고립되었다. 루사가 꺾어 버린 다리는 아직도 복구가 되지 않은 곳이 많다. 수재민들의 마음마저 부러진 다리처럼 상처가 아물지 않고 있다.

남북을 연결하는 다리는 영구히 개통되는 것인가. 반세기의 비극 위에 세워지는 다리는 견고해야 한다. 과거를 씻고 화해와 교류의 물결이 흐르는 다리. 민족이 하나 될 수 있는 지혜의 다리. 남북이 합창할 수 있는 환희의 다리를 건설할 때 세상에서 가장 아름답고 빛나는 다리가 될 것이다.

【연보】

박종철(朴鍾徹)

강원도 삼척 출생

40년 1월 20일생

1958: 동국대학교 영문과 수학

2000: 동국대 문화예술대학원 문창과 수료

1969: 동양시멘트 삼척공장 퇴사

1997: 성신양회주식회사 상무이사 퇴직

1999: (주)진성레미콘 감사 사임

2001: 분당에서 강릉으로 이주

문단

1960: 동예문학회 발기회원(소설)

1966: 수적문학회 발기회원 수필 「꽁초유감」을 발표하면서 수필로 전환

1969: 두타문학회 발기회원. 이사. 고문

1985: 삼척문인협회 회원. 자문위원

1991: 수필문학으로 등단

1992: 한국수필가협회 회원

1992: 강원수필문학회 창립회원. 이사. 부회장

1993: 강원문인협회 회원. 이사. 부회장

1993: 한국수필문학가협회 발기회원

1997: 수필문학 작가회 회장. 고문

1997: 국제펜클럽 회원

1999: 한국불교문인협회 부회장

2002: 영동수필문학회 창립회장

2002: 강릉문인협회 회원, 이사, 부회장. 관동문학회 회원

2002: 강원펜클럽 회원. 이사. 부회장

2010: 한국가톨릭문이회 회원

2011: 한국산림문학회 회원, 이사

2013: 강릉사랑문인회 회원. 자문위원

2003: 역사와 문학 편집위원

2004: 수필시대 편집위원

2011: 수필문학 편집위원(현재)

2002: 영동수필창작교실지도강사(3년)

2006: 강릉시문화센터 문창과 강사(10년)

저서

1959: 『은파도』 (시집)

1997: 『아버지의 땅』

2001: 『꿈꾸는 수레바퀴』

2001: 『시인의 목장』 (선집)

2003: 『촌부의 일기』

2008: 『우렁 나팔수』

2010: 『아름다운 세상』

2013: 『진달래의 강』

수상

1997: 수필문학상

2003: 한국불교문학상

2004: 소월문학상

2005: 강원수필문학상

2006: 강원문학상

2007: 강원펜문학상

2010: 연암수필문학상

2012: 강원도문화상 (문학)

2013: 한국수필문학상

2014: 원종린수필문학상 대상

현대수필가 100인선 Ⅱ · **42**
박종철 수필선

수필의 길을 가다

초판 인쇄 2017년 6월 10일
초판 발행 2017년 6월 15일

지은이 박종철
펴낸이 서정환
펴낸곳 수필과비평사 · 좋은수필사
주소 서울시 종로구 삼일대로 32길 36(운현신화타워 빌딩) 305호
전화 02)3675-5635, 063)275-4000 **팩스** 063)274-3131
등록 제 300-2013-133호
이메일 sina321@hanmail.net essay321@hanmail.net

ISBN 979-11-5933-087-2 04810
ISBN 979-11-85796-15-4 (전100권)

값 7,000원

이 도서의 국립중앙도서관 출판예정도서목록(CIP)은 서지정보유통지원시스템 홈페이지(http://seoji.nl.go.kr)와 국가자료공동목록시스템(http://www.nl.go.kr/kolisnet)에서 이용하실 수 있습니다.(CIP제어번호: CIP2017013848)